Stefano Cagol
The Time of the Flood
(Beyond the myth through climate change)

libro a cura di *book edited by*
Alessandro Castiglioni

Book design Stefano Cagol

Editing Mariella Rossi, Catherine Verde Hashim

Copertina *Cover*
Stefano Cagol, "Antagonismus (the time of the flood)", 2020, performance, bomboletta di lacca per capelli, accendino. Foto prodotta come Diasec
Performance, aerosol hairspray, lighter. Photo produced as Diasec
Flughafensee, Berlin

Photo credits
Tutte le foto sono dell'artista eccetto
All photos by the artist with the exception of
p. 54, Matthias Gasser, Water Light Festival Brixen.
p. 120, p. 131, Eyal Agivayev, CCA – Center for Contemporary Art Tel Aviv

www.postmediabooks.it
isbn 9788874903078

Stefano Cagol

The Time of the Flood

(Beyond the myth through climate change)

postmedia • books

Indice *Index*

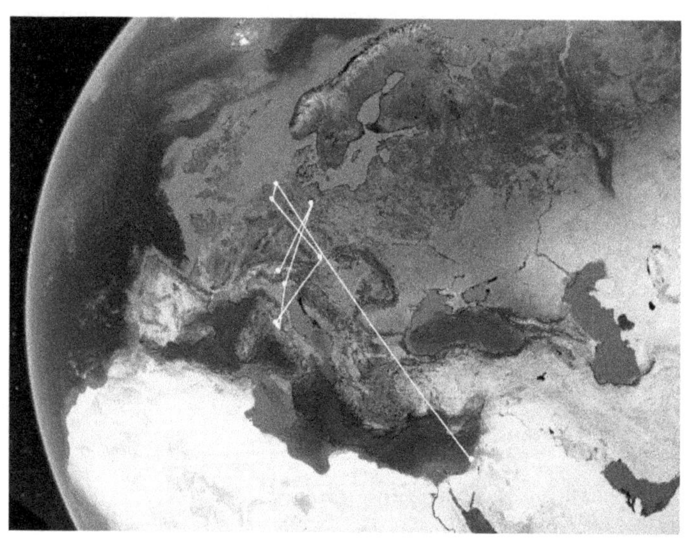

"The Time of the Flood", tappe del progetto. *Steps of the project.* (Berlin, Venezia, Roma, Wien, Wattenmeer, Tel Aviv, 11.2019 – 04.2021)

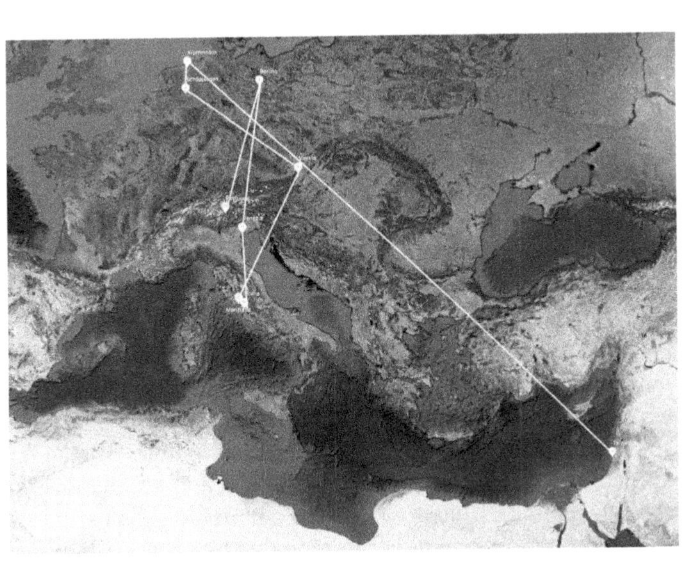

Prologo: Il tempo dell'emergenza

"The Time of the Flood. Beyond the myth through climate change" [Il Tempo del Diluvio. Oltre il mito attraverso il cambio climatico], il progetto internazionale di ricerca artistica di Stefano Cagol durato un anno, è iniziato a Berlino il primo novembre 2019. Quando Cagol ha completato la sua residenza d'artista a MOMENTUM alla fine di febbraio 2020, aveva prodotto tre nuove opere video, una serie di interventi performativi in tutta la città, installazioni, innumerevoli fotografie, diversi studio visit, un simposio presso l'Istituto Italiano di Cultura di Berlino – e il mondo era irrevocabilmente andato sottosopra. Cagol ha sviluppato il suo concept per "The Time of the Flood" molto prima che i primi casi di Covid-19 fossero registrati in Germania. La sua idea di ricontestualizzare la storia biblica del Diluvio all'interno della nostra attuale emergenza climatica rimane una riflessione cruciale e tempestiva sugli impatti devastanti che noi umani abbiamo sul nostro pianeta. Eppure, chi avrebbe potuto immaginare all'inizio di questo progetto quanto profetico e coincidente si sarebbe rivelato? L'effetto pervasivo dell'uomo sulla natura – sia sotto forma del riscaldamento globale che provoca la fusione dei ghiacciai e l'innalzamento del livello del mare, o della propagazione di nuovi virus mortali – è stato un tema costante in tutta la pratica di Cagol, dalla sua serie di progetti "FLU" iniziata nel 2006 in seguito alla diffusione dell'epidemia di influenza aviaria H5N1, al suo "The Ice Monolith" [Il Monolite di Ghiaccio] lasciato fondere alla Biennale di Venezia nel 2013, fino alle molte questioni sollevate da "The Time of the Flood". Questo, dopo essere cominciato come una riflessione

Foreword: The time of emergency

"The Time of the Flood. Beyond the myth through climate change," Stefano Cagol's year-long international artistic research initiative, began in Berlin on the 1st of November, 2019. By the time Cagol completed his artist residency at MOMENTUM at the end of February 2020, he had produced three new video works, a number of performative interventions throughout the city, countless photographs, installations, several studio visits, a symposium at the Italian Cultural Institute in Berlin – and the world had irrevocably turned upside down. Cagol developed his concept for "The Time of the Flood" long before the first cases of Covid-19 were registered in Germany. His concept, to recontextualize the biblical story of the Flood within our current climate emergency, remains a crucial and timely reflection on the devastating impacts we humans have on our planet. Yet who could have imagined at the start of this project just how prophetic and timely it would prove to be? Human pervasive interferences upon nature – whether in the form of global warming resulting in melting glaciers and rising sea levels, or the unleashing of new deadly viruses – has been a persistent focus throughout Cagol's practice, from his ongoing series of "FLU" projects begun in 2006 following the spread of the H5N1 bird flu epidemic, to his melting "The Ice Monolith" at the Venice Biennale in 2013, up to the many issues raised by "The Time of the Flood." What began as a reflection upon the intersections of art, ecology, technology and philosophy, acquired an even greater urgency in being realized amidst a global pandemic. "The Time of the Flood" travelled after Berlin to Venice, Rome, Vienna, the Wadden Sea and Tel Aviv-Yafo,

sulle intersezioni tra arte, ecologia, tecnologia e filosofia, ha acquisito un'urgenza ancora maggiore venendo realizzato nel mezzo di una pandemia globale. "The Time of the Flood" ha viaggiato, dopo Berlino, a Venezia, Roma, Vienna, il Mare dei Wadden e Tel Aviv-Yafo, dove l'artista ha creato ulteriori video della serie e sviluppato numerose altre interazioni, tra cui due mostre presso l'Istituto Italiano di Cultura di Vienna e il CCA – Center for Contemporary Art Tel Aviv. Che Cagol sia stato in grado di continuare il suo progetto multi-sito nonostante le persistenti restrizioni di viaggio e le chiusure, è semplicemente sorprendente. Che lo abbia fatto non solo durante la continua escalation di catastrofi climatiche, con inondazioni mortali, incendi e tempeste che imperversano in tutto il mondo, ma anche nel momento della più grande emergenza sanitaria globale della storia recente, è indicativo dell'urgente rilevanza del suo lavoro nei nostri tempi apparentemente apocalittici.

È stato un grande privilegio ospitare Stefano Cagol a MOMENTUM e nutrire i primi passi de "Il Tempo del Diluvio", con un ringraziamento all'Italian Council e tutti i partner culturali di questo progetto.

Rachel Rits-Volloch
Direttore Fondatore, MOMENTUM Berlin

where he made more videos in the series and developed abundant other interactions, including two exhibitions at the Italian Cultural Institute in Vienna and CCA – Center for Contemporary Art Tel Aviv. That Cagol was able to continue his multi-city project despite persistent travel restrictions and institutional closures, is simply remarkable. That he did so not only during the continued escalation in climactic catastrophes, with deadly floods, fires, and storms raging throughout the world – but also at the time of the greatest global public health emergency of recent history, is indicative of the urgent relevance of his work in our seemingly apocalyptic times.

It was our great privilege to host Stefano Cagol at MOMENTUM and to nurture the first steps of "The Time of the Flood," with thanks to the Italian Council and all the cultural partners in this project.

Rachel Rits-Volloch
Founding Director, MOMENTUM Berlin

Pagina seguente. *Next page*: "Bird Flu Vogelgrippe. Nuremberg", 2006, progetto nomade, furgone, adesivi, sistema audio, suono di uccelli, spille, volantini. Da Trento alla 4ª Biennale di Berlino. *Travelling project, van, labels, sound system, bird songs, badges, flyers. From Trento to the 4th Berlin Biennale.* Photo

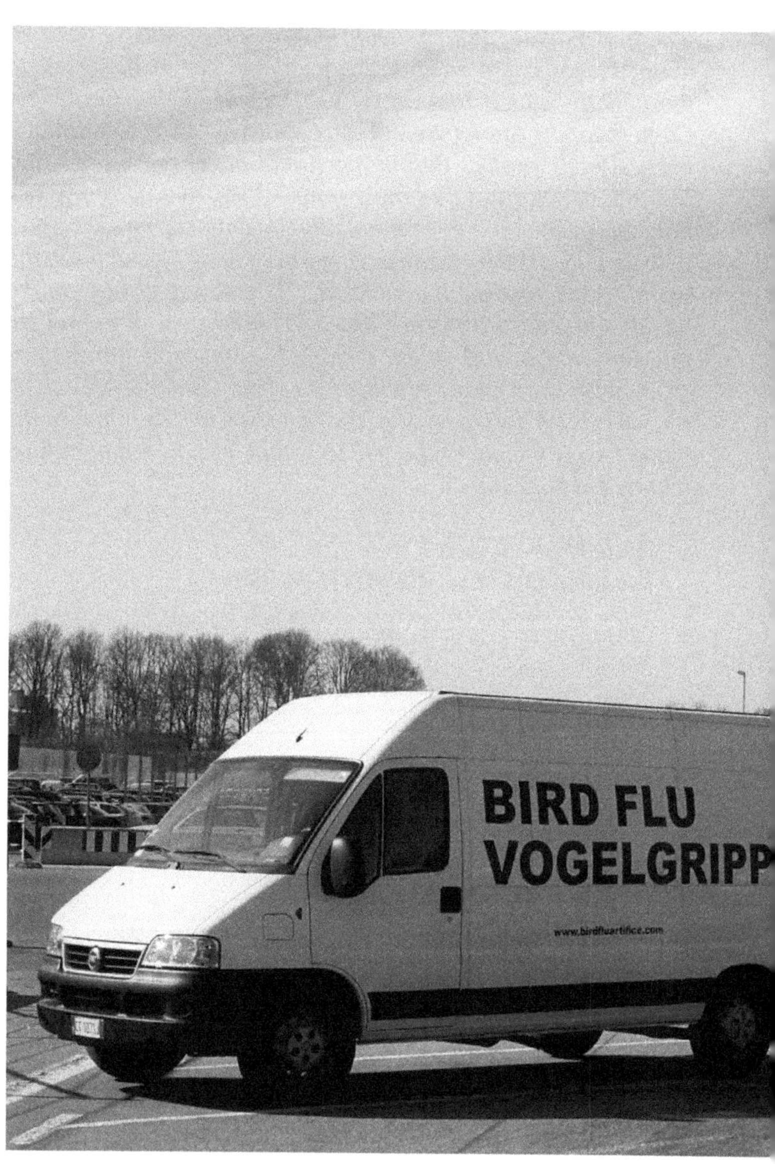
BIRD FLU
VOGELGRIPP
www.birdfluartifice.com

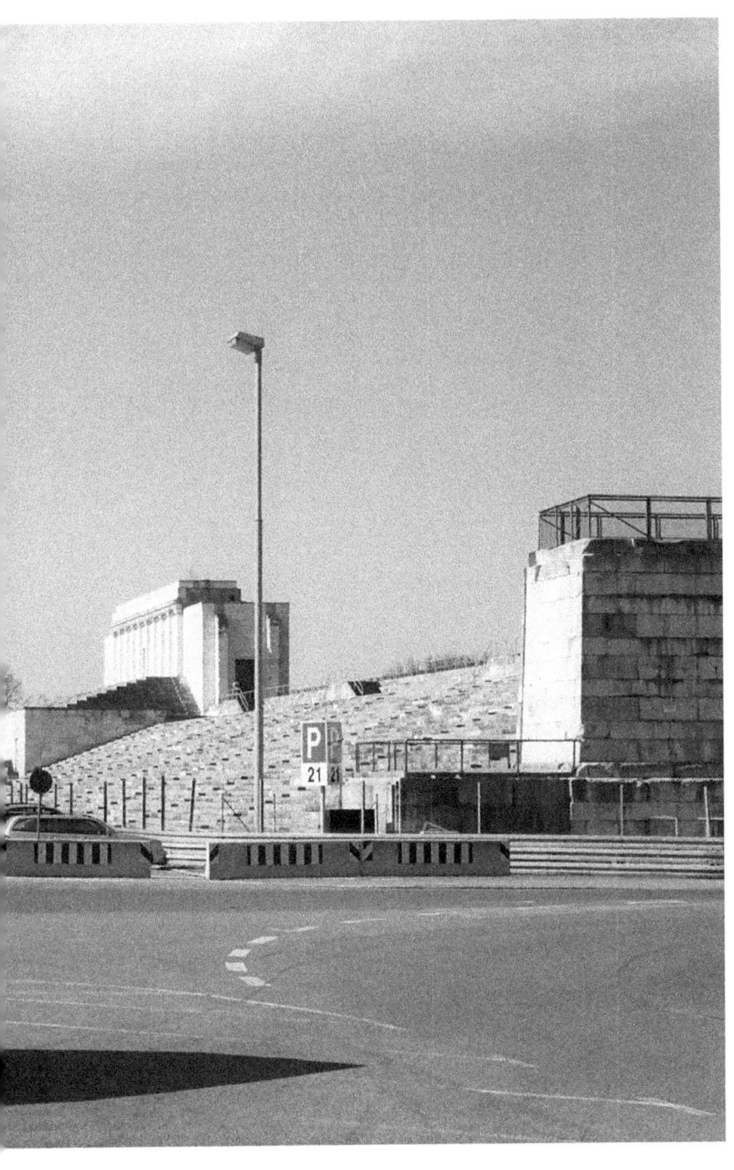
P
21

L'acqua tra culto, mito, storia e arte

Water between ritual, myth, history and art

Giorgia Calò

L'acqua tra culto, mito, storia e arte

Water between ritual, myth, history and art

Giorgia Calò

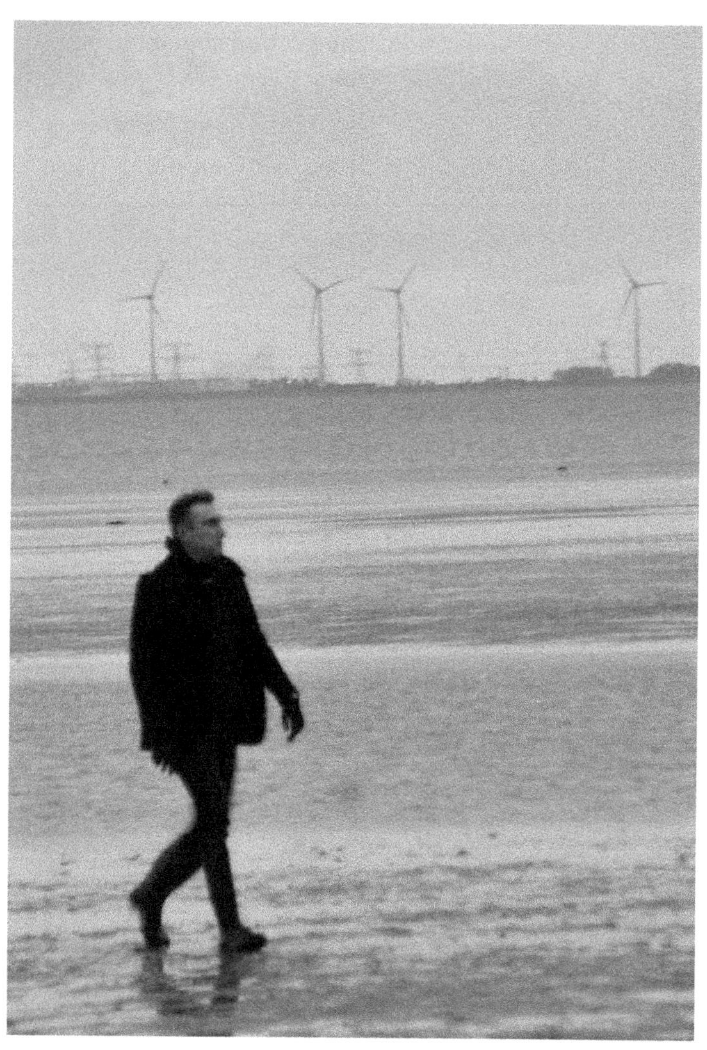

"Gezeitenkraft", 2020, photo. (Wattenmeer, 03.11.2020)

L'acqua tra culto, mito, storia e arte

Giorgia Calò

Il progetto di Stefano Cagol "The Time of the Flood. Beyond the myth through climate change" [Il Tempo del Diluvio. Oltre il mito attraverso il cambio climatico] – vincitore nel 2019 della 6ª edizione dell'Italian Council – indaga un argomento caro all'artista da decenni, ovvero gli squilibri del nostro rapporto con la natura, e lo fa questa volta ispirandosi all'immagine archetipica del Diluvio Universale.

Il diluvio è per antonomasia la rappresentazione di un evento catastrofico che vede l'essere umano nel duplice ruolo, da un lato passivo in quanto subisce la decisione di D. di distruggere il mondo per mezzo dell'acqua, elemento anch'esso duale come vedremo più avanti; dall'altro lato l'uomo è attivo

Water between ritual, myth, history and art

Giorgia Calò

"The Time of the Flood. Beyond the myth through climate change," the project by Stefano Cagol that has been awarded the 6th edition of the Italian Council in 2019, investigates a subject dear to him for decades, namely the imbalances in our relationship with nature, and this time he does so inspired by the archetypal image of the Great Flood.

The flood is par excellence the representation of a catastrophic event that sees the human being in the dual role: on the one hand passive, man suffers the decision of God to destroy the world through water (also a dual element because water can kill but also purify); on the other hand the active and participative man, in fact, Noah is in charge by the

e partecipativo, è Noè infatti per volere di D. a costruire l'Arca e salvare così la specie umana e animale. Riprendendo l'immagine terribile e insieme salvifica del Diluvio Universale, Cagol la usa come grande metafora della potente ristrutturazione del mondo, laddove l'essere umano – spiega l'artista – è riscaldamento globale, è cambiamento climatico, è il diluvio nelle sue interferenze antropogeniche.

L'acqua, ancor prima del diluvio, è la condizione necessaria. In *Berescith,* la Genesi della Bibbia ebraica, D. nel principio crea il cielo e la terra, separando la luce dalle tenebre. Il secondo giorno separa le acque sotto il firmamento da quelle di sopra, e così crea il cielo. Il terzo giorno la Sua mano divide la terra dalle acque e ordina alla terra di produrre erbe e frutti. Dunque l'acqua ci viene espressa dalla *Torah* come uno degli elementi fondanti della creazione

will of God to build the ark and thus save the human and animal species. Taking the terrible and at the same time salvific image of the Great Flood, Cagol uses it as a universal metaphor of the powerful restructuring of the world, where mankind – the artist explains – is global warming, is climate change, is the flood in its anthropogenic interferences.

Water, even before the flood, is the necessary condition. In Berescith, *the Genesis of the Hebrew Bible, God in principle creates Heaven and Earth, separating light from the darkness. The second day separates the waters beneath the firmament from those above. And so he creates heaven. On the third day, His hand separates the earth from the waters and orders the earth to produce herbs and fruits. Thus water is expressed to us by the Torah as one of the founding elements of the creation of the world. In the next* parashà *[passage],*

del mondo. Nella *parashà* [brano] successiva, però, diventa subito elemento di distruzione, sempre attraverso la mano di D. che abbatte sulla terra il diluvio d'acqua come punizione delle violenze e della corruzione dell'uomo. Il termine ebraico utilizzato nella Genesi per indicare il diluvio è *mabùl,* che in maniera figurata evoca un'iperbolica massa, un qualcosa che travolge e stravolge, e coincide anche con la traduzione di "oceano celeste", rimandando a un'immagine di fusione di cielo e acqua in un unico elemento. *Mabùl* ha la stessa radice di *bavèl,* ovvero "confusione" che conosciamo come il caos della torre di Babele, episodio che chiude la *parashà* di Noè, e di *bilbul,* altro termine per indicare "confusione". Inoltre c'è l'assonanza con *balagan,* parola molto usata nello slang ebraico odierno che deriva dal russo e vuol dire "catastrofe", "disordine".

Sempre nella *Torah*

however, it immediately becomes an element of destruction, always through the hand of God who brings down the flood of water on earth as a punishment for the violence and corruption of humankind. The Hebrew term used in Genesis to indicate the flood is mabùl, *which figuratively evokes a hyperbolic mass, something that overwhelms and upsets, and also coincides with the translation of "celestial ocean" referring to an image of fusion of sky and water into a single element.* Mabùl *has the same root as other words:* bavèl, *or "confusion" that we know as the chaos of the Tower of Babel, an episode that closes Noah's* parashà, *and* bilbul, *another term to indicate "confusion." Moreover, there is an assonance with* balagan, *a word widely used in today's Jewish slang, which comes from Russian and means "catastrophe," "disorder."*

Again in the Torah, *we find many references to water. Just to mention a couple: Moses*

troviamo tanti altri riferimenti all'acqua. Solo per citarne un paio: Mosè salvato dalle acque del Nilo, le stesse acque che si tingeranno di sangue in una delle piaghe d'Egitto, e l'apertura delle acque – sempre per volere di D. – che permettono il passaggio del popolo d'Israele ma che si chiudono subito dopo, dietro le loro spalle, uccidendo gli egiziani che li inseguivano (ancora una volta l'acqua come fonte di salvezza e di morte).

L'acqua è un elemento imprescindibile anche nella ritualità ebraica: basti pensare alla *Tevilah*, l'immersione completa del corpo dettata dalle sacre scritture e in uso da tempi remoti (si pensi che le più antiche sinagoghe rinvenute, risalenti a secoli prima dell'era cristiana, presentano tracce di un *Mikve*, la vasca dove si compie la *Tevilah*), alla *Rechitzah*, il lavaggio dei morti prima della sepoltura, e alla *Netilat Yadayim*, ovvero il lavaggio delle mani che si fa prima di

saved from the waters of the Nile and the opening of the waters, again at the behest of God, which allows the passage of the people of Israel but which closes immediately afterwards, behind their backs, killing the Egyptians who were chasing them.

Water is an indispensable element also in Jewish rituality: Just think of the Tevilah, *or the complete immersion of the body dictated by the sacred scriptures and in use since ancient times (think that the oldest synagogues found, dating back centuries before the Christian era, have traces of a* Mikve *where the* Tevilah *is performed); the* Rechitzah, *or the washing of the dead before burial; and the* Netilat Yadayim, *or the washing of hands before every meal. All these rituals are accompanied by a prayer.*

Water, therefore, plays the continuous role of end and rebirth, and at the centre of this dichotomy there is always the human presence, indicated already in the Holy

ogni pasto. Tutti questi rituali sono accompagnati da una preghiera.

L'acqua, dunque, svolge il ruolo continuo di fine e rinascita, e al centro di questa dicotomia c'è la presenza umana, indicata già dalle Sacre Scritture, quasi sempre con un leader eletto dal Signore e chiamato a svolgere azioni straordinarie. Dunque dietro l'immagine del Diluvio Universale per mano di D. e della Natura, si nasconderebbe in realtà la potenza dell'uomo che tende a sostituirsi a Lui, considerando il piano divino del mondo come un piano che mira esclusivamente al suo progresso. La storia però ci insegna, dalla Torre di Babele al Golem, che qualsiasi tentativo di andare al di là delle limitazioni umane, mossi da una smania di onnipotenza che ritroviamo anche in molti racconti mitologici, ha sempre portato inevitabilmente al disastro e al pericolo per lo stesso essere umano.

Scriptures, mainly through a leader elected by the Lord and called to perform extraordinary actions. So behind the Great Flood acted by God and Nature, there is, hidden, the power of humankind, that aims at replacing Him, considering the divine plan for the universe as devoted just toward human progress. However, history teaches us, from the Tower of Babel to the Golem, that any attempt to go beyond human limitations, driven by an urge for omnipotence that we also find in many mythological tales, has always inevitably led to disaster and danger for humankind.

Although Stefano Cagol's work moves around these topics, looking at the exegesis of Stefano Cagol's work from 1993 to today, we also notice that the human figure disappears, it is sometimes evoked as a shadow, a luminous shade, an energy source, a primordial liquid, sometimes scanned by infrared. If in the works of

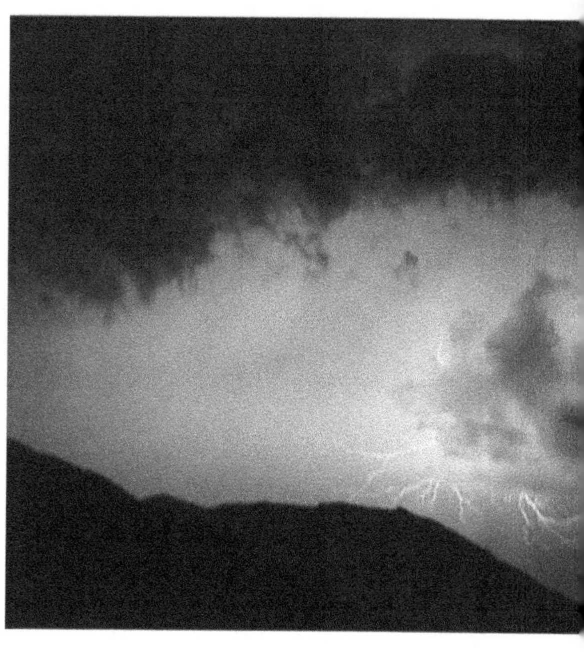

Sebbene la ricerca di Stefano Cagol muova proprio da queste tematiche, notiamo anche, guardando l'esegesi del suo lavoro dal 1993 a oggi, che la figura umana spesso sparisce, viene evocata qualche volta come ombra, sfumatura luminosa, fonte energetica, liquido primordiale, a volte scansionata agli infrarossi.

the early 2000s the driving force of his videos was the moving landscape and the great metropolises made of electricity and light ("The Mystical Rose," 2006), this is alternated with the natural landscape, as it is moved by lightning ("The Fate of Energy," 2002) or other elements and sources of energy. In any case, the image of mankind

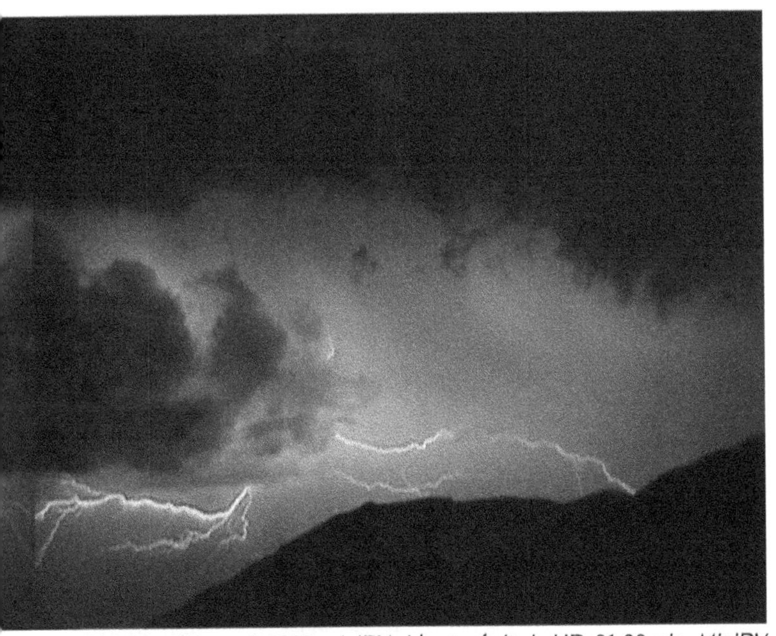

"The Fate of Energy", 2002, miniDV video trasferito in HD, 01:20 min. *MiniDV video transferred on HD, 01:20 min.* Nomas Foundation Collection, Roma

Se nei lavori dei primi anni Duemila il motore dei suoi video sono il paesaggio in movimento e le grandi metropoli fatte di elettricità e luci ("The Mystical Rose", 2006), a questo si alterna il paesaggio naturale, còlto quando viene mosso da un fulmine ("The Fate of Energy", 2002) o da altri elementi e

is – almost always – hidden to emphasize human actions.

The act of subversion of the order of things has also led Stefano Cagol to look at the history and myths behind the image of water. Fascinating are, for example, some testimonies of Egyptian culture: papyruses have

fonti di energie. In ogni caso, l'immagine dell'essere umano è, quasi sempre, celata per dare invece risalto alle sue azioni.

L'atto di sovversione dell'ordine delle cose ha portato Stefano Cagol a guardare anche alla storia e ai miti che si celano dietro l'immagine del diluvio. Affascinanti sono, ad esempio, alcune testimonianze della cultura egizia: sono arrivati a noi papiri in cui si leggono frasi come "il mondo prese a girare a rovescio come se fosse una ruota del vasaio e la terra si capovolse" (papiro di Ipuwer 1250 a.C.), oppure "una catastrofe di fuoco e acqua provocò il rivoltarsi della terra" (papiro di Harris 1300 a.C.), e ancora "il mondo andò sottosopra" (papiro Hermitage 1700 a.C.). La sensazione che ne emerge è, dunque, più che un cambiamento, un capovolgimento che ritroviamo già in alcuni video di Cagol dei primi anni

come to us in which we read phrases such as "the world began to move back to front as if it were a potter's wheel and the earth overturned" (papyrus of Ipuwer 1250 BC), "a catastrophe of fire and water caused the earth to flip" (papyrus of Harris 1300 BC), "the world turned upside down" (papyrus Hermitage 1700 BC). The sensation that emerges is, therefore, more than a change, a reversal, that we find in Cagol's videos already in the early 2000s, from "Horizon" to "Tokyospace," from "Harajuku Influences" to "Incontro al centro."

Analysing the archetypal image of water, we also have to recall the great myths, that constructed epic narratives just around this element, from the legend of Narcissus, who reflects himself in water as in a mirror, to Orpheus, poet and musician, whose verses were so sweet and fascinating that the water of the streams slowed down its course. Orpheus was killed by the

Duemila, da "Horizon" a "Tokyospace", da "Harajuku Influences" a "Incontro al centro".

Analizzando l'immagine archetipica dell'acqua, si devono citare anche i grandi miti che hanno costruito narrazioni epiche proprio intorno ad essa, dalla leggenda di Narciso che riflette la propria immagine nell'acqua come fosse uno specchio, alla storia di Orfeo, poeta e musico, i cui versi erano così dolci e affascinanti che l'acqua dei torrenti rallentava la sua corsa. Orfeo morirà ucciso dalle sacerdotesse di Dioniso che lo faranno a pezzi, gettando i suoi resti nel fiume Ebro. La sua testa, caduta sulla lira, resterà però a galla sull'acqua, cosicché Orfeo continuerà a cantare. Ancora una volta, l'acqua ci appare nel suo aspetto duale, mortale e salvifico.

Infine, non si può non fare riferimento alla storia dell'uomo contemporaneo, all'acqua come superficie navigabile, teatro dei viaggi

priestesses of Dionysus who cut him to pieces, throwing his remains into the river Ebro. His head, fallen on the lyre, will remain afloat on the water so that Orpheus will continue to sing. Again, water appears in its dual aspect, both mortal and salvific.

Then, it is impossible not to refer to the history of contemporary humankind, water as a navigable surface, the scene of heroes' journeys to discover new lands; or the great migrations that over the centuries have moved different ethnic groups, peoples and cultures, triggering wars, deaths and famine due also to the absence of water, that today is becoming no more a commodity of humanity, but an exploited and plundered commodity, the balance of the gap between rich and irrigated nations and poor and dried lands.

The image of water is used also to narrate the cultural revolution, whose process was triggered in the years of postmodernism,

degli eroi alla scoperta di nuove terre; o ancora, alle grandi migrazioni che nel corso dei secoli hanno mosso etnie, popoli e culture diverse, scatenando guerre, morti e carestie dovute anche all'assenza di acqua, che oggi sembra non essere più bene dell'umanità ma merce sfruttata e depredata, ago della bilancia del divario tra nazioni ricche e irrigate, e terre povere ed essiccate.

L'immagine dell'acqua è presa in prestito anche per raccontare la rivoluzione culturale, il cui processo si è attivato negli anni del postmodernismo, raggiungendo il suo apice nell'era ipercontemporanea che stiamo vivendo e che è ben rappresentata dal termine "liquido", usato dal sociologo Zygmunt Bauman per indicarne la fragilità. Dall'acqua, con la sua capacità di infiltrarsi ovunque, in ogni interstizio, creando una rete di relazioni tra corpi e oggetti apparentemente impenetrabili, prende le

reaching its peak in the hyper-contemporary era we are experiencing, that is well represented by the term "liquid" used by Zygmunt Bauman to indicate its fragility. From the water, with its capability to infiltrate everywhere, in every crevice, creating a network of relationships between bodies and objects apparently impenetrable, even the digital Net takes the cue, that connects places, spaces and times, that started what Marshall McLuhan had already defined in the Sixties "global village" shifting the attention from the subjective vision of village to the depersonalized global vision, and that the cybernetic British artist Roy Ascott called "the second flood," meaning the deluge of the digital communication.

Having made this wide premise, in an attempt to follow a common thread between cult, history, myth and art, by seeking out the

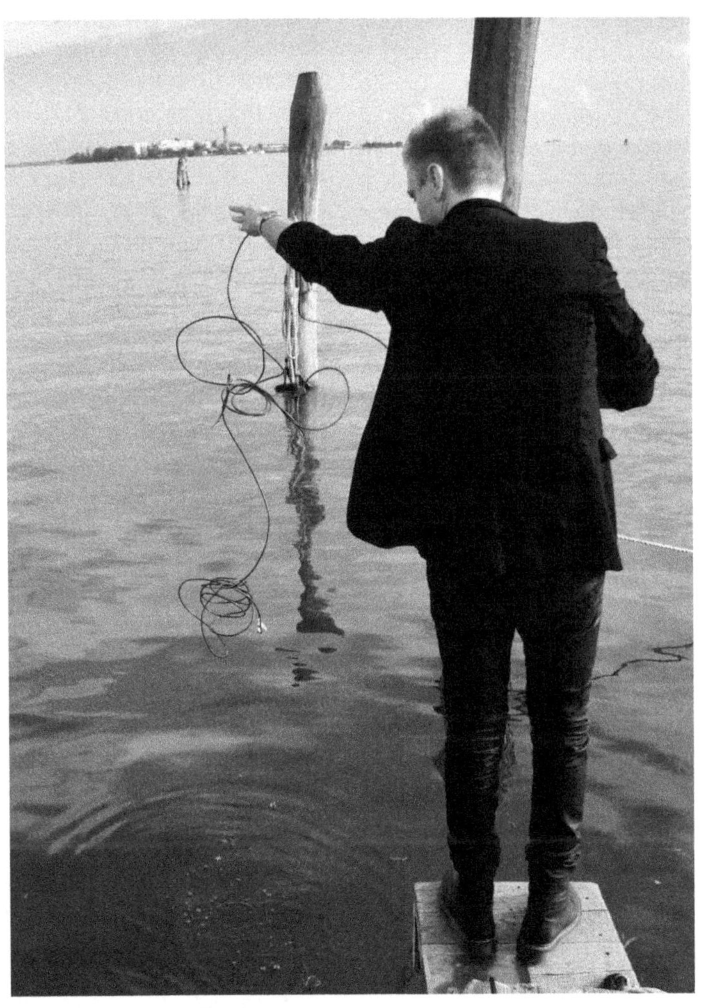

"The Time of the Flood", 2020, ricerca sul campo. *Field research.*
Photo. (Venezia, 20.06.2020)

mosse anche la Rete digitale, che connette luoghi, spazi e tempi, dando avvio a quello che Marshall McLuhan aveva definito già negli anni Sessanta "villaggio globale", spostando l'attenzione dalla soggettiva visione di villaggio alla spersonalizzata visione globale, e che l'artista cibernetico britannico Roy Ascott chiamerà "il secondo diluvio", ovvero il diluvio dell'informazione digitale.

Fatta questa vasta premessa, nel tentativo di seguire un *fil rouge* tra culto, storia, mito e arte, andando a cercare quelle che sono state le fonti da cui parte Cagol, concentriamo ora l'attenzione in maniera più ravvicinata sulle sue opere. L'artista analizza l'acqua nella sua peculiarità di essere una sostanza in grado di tramutarsi in diversi stati: dall'evaporazione alla condensazione, e ancora la solidificazione e la fusione, che riporta l'acqua al suo stato liquido originale. Cagol

sources from which Cagol started, we now focus our attention more closely on his work. The artist analyses water in its peculiarity of being a substance capable of changing into different states: from evaporation to condensation, solidification and fusion, which brings water back to its original liquid state. Cagol analyses water in its peculiarity of being a substance able to transform itself, condensing into a solid-state or becoming a gaseous element. Think of his performance "The Ice Monolith," realized at the Venice Biennale in 2013 for the National Pavilion of the Maldives, in which Cagol melts in front of passers-by a block of ice of 1500 kg, arriving from the Alps, to denounce the overheating of the planet; again, "The Body of Energy (of the mind)," started in 2014, and presented at Manifesta 12 and later at the Reggia di Caserta in 2018, which symbolically highlights temperature as

esamina in molti dei suoi lavori proprio questi differenti cicli, che fanno dell'acqua un elemento peculiare nelle sue molteplici trasformazioni. Si pensi alla performance "The Ice Monolith", realizzata alla Biennale di Venezia nel 2013 per il Padiglione Nazionale delle Maldive, in cui l'artista fa fondere davanti ai passanti un blocco di ghiaccio di 1500 chilogrammi, proveniente dalle Alpi, per denunciare il surriscaldamento del Pianeta; ancora, a "The Body of Energy (of the mind)" – progetto iniziato nel 2014, e presentato nel 2018 a Manifesta 12 e alla Reggia di Caserta – che mette in evidenza in maniera simbolica la temperatura come manifestazione di energia; e alle azioni performative recenti (del 2019) "La forma del vento", al Castello di San Michele di Ossana in Val di Sole, ed "Eterno", messa in atto durante la cerimonia di apertura del Festival dell'acqua a Bressanone. "Eterno" ha rappresentato un momento di riflessione sulla

*a manifestation of energy; or the recent performative actions, dated 2019, "La forma del vento" [The shape of the wind], in the Castle of San Michele in Ossana in Val di Sole, and "Eterno," staged during the opening ceremony of the Water festival in Bressanone. "Eterno" offers an occasion for reflecting on the disappearance of glaciers, and our relationship with time and its resources through the use of heterogeneous elements, such as ice, fire and aerosol. We could mention many more, including installations and performances realised by Stefano Cagol in recent years. They all talk about water and energy, but also about climate change, energy sources and changing borders, just think of "Ice Melting Ice" (2019) and "Flu Power Flu" (2007). As Alessandro Castiglioni, curator of his solo exhibition "Hyperobject. Visions between borders, energy and ecology" at the MA*GA museum in Gallarate, well expressed, "the works of Cagol*

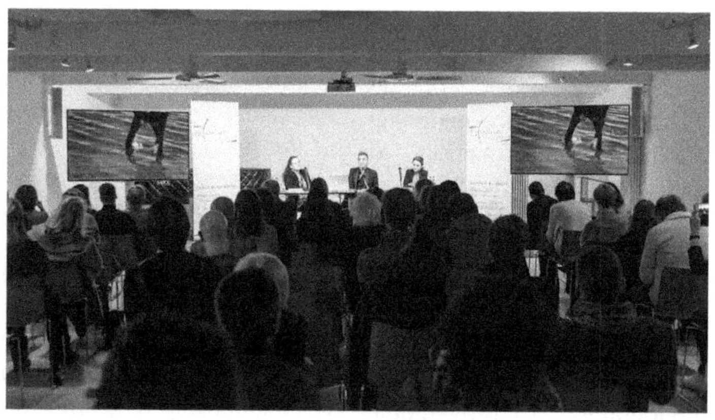

"The Time of the Flood", 2020, roundtable. (Istituto Italiano di Cultura, Berlin, 05.02.2020)

scomparsa dei ghiacciai e sulla nostra relazione con la natura e le sue risorse mediante l'uso di elementi eterogenei quali ghiaccio, fuoco e una bomboletta spray. Potremmo citarne ancora molte, tra installazioni e performance, realizzate da Stefano Cagol negli ultimi anni. Tutte parlano di acqua ed energia, ma anche di cambiamento climatico, sorgenti energetiche e mutamenti dei confini, basti pensare alle scritte al neon monumentali "Ice Melting

are not exhausted within their own physical nature, but interact in stages, exactly like a hyperobject, generating and rebuilding space-time."

I would like to conclude by dwelling on "The Time of the Flood," this long ongoing residency project in which the journey itself was both the result and an integral part of Stefano Cagol's work. The flood, that is the central topic of the project, is not only the symbol of climate change but also a concept

Ice" (2019) e "Flu Power Flu" (2007). Come ha ben espresso Alessandro Castiglioni, curatore della mostra personale "Iperoggetto. Visioni tra confini, energia ed ecologia" al museo MA*GA di Gallarate nel 2019: "Le opere di Cagol non si esauriscono nella propria natura fisica ma interagiscano a fasi, proprio come un iperoggetto, generando e ricostruendo lo spaziotempo".

Concludo soffermandomi su "The Time of the Flood", questo lungo progetto di residenza in itinere, in cui il viaggio stesso è stato il risultato e al contempo parte integrante del lavoro di Stefano Cagol. Il diluvio, che è il tema centrale del progetto, non è solamente il simbolo del cambiamento climatico, ma anche un concetto che ingloba gran parte della ricerca svolta dall'artista fin dagli inizi della carriera, tanto

that incorporates much of the research carried out since the beginning of his career, so much so that the new works are both the summary and a further step in a seamless flow from one project to another, as typical of his way of working, where constant remains the question of how we people perceive these events and our awareness.

If some of today's theories, such as those of Speculative Realism, would like to emphasise that man is actually one of the many elements that make up a universe substantially indifferent to its existence, for Cagol this is not the case at all. Humankind has something to do with it – the artist seems to tell us through his works.

For example, in "Just before," the first video of the trilogy made during the Berlin residency between late 2019 and early 2020, set in front of the Reichstag building

Pagina seguente. *Next page*: "Gezeitenkraft", 2020, performance. Photo; HD video, 04:20 min. (Wattenmeer, 03.11.2020)

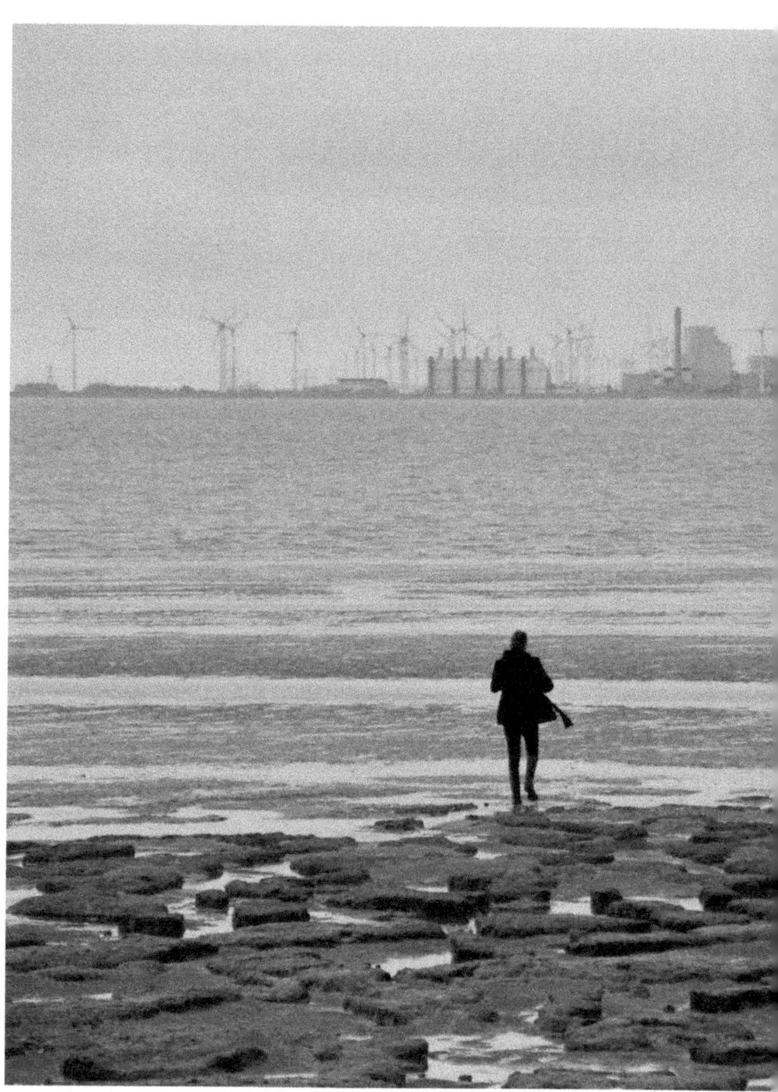

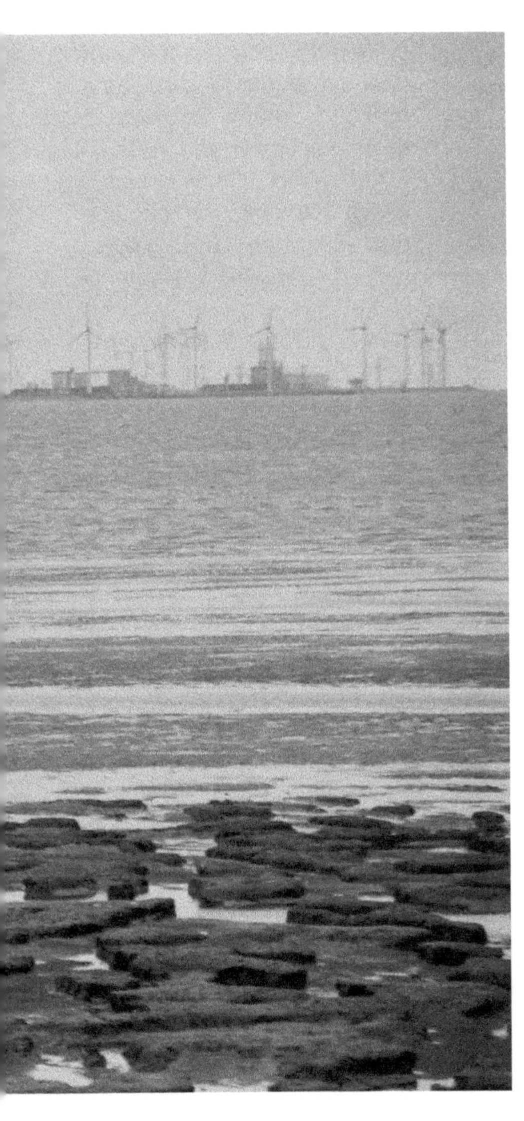

che le nuove opere sono al tempo stesso summa e passo ulteriore in un fluire senza soluzione di continuità da un progetto all'altro, come tipico del suo modo di lavorare, dove costante resta la questione sulla percezione che abbiamo noi uomini di questi eventi e la nostra presa di coscienza.

Se alcune teorie di oggi, come quelle del Realismo Speculativo, vorrebbero riportare l'accento sul fatto che l'uomo sia in realtà uno dei tanti elementi che compongono un universo sostanzialmente indifferente alla sua esistenza, per Cagol non è affatto così. L'uomo c'entra eccome, sembra dirci l'artista attraverso i suoi lavori. Ad esempio, in "Just before", primo video della trilogia realizzata durante la residenza berlinese tra fine 2019 e inizio 2020, ambientato di fronte al palazzo del Reichstag di Berlino, Cagol denuncia ancora una volta l'arroganza dell'uomo sulla natura attraverso luci

in Berlin, once again Cagol denounces man's arrogance over nature through deafening lights and sounds. In the video "Gezeitenkraft," which explores the balance between man and nature, various organic elements come into play, symbolising certain themes that the artist feels the urgency to address, such as the level of the sea, the exploitation of resources, pollution and energy sources. Contemplating their changing nature within a scenario such as the Wadden Sea – which was listed in 2009 as a UNESCO World Heritage Site for its natural value – the artist speaks of geology and geopolitics in a single narrative, denouncing human interventions even in these waters, which – par excellence – should be preserved.

"The Time of the Flood" is a multiform project – as are almost all Cagol's works – including videos, photos, performances and interventions in public spaces. It is all that has been talked

e suoni assordanti. Nel video "Gezeitenkraft", che approfondisce l'equilibrio tra uomo e natura, entrano invece in gioco diversi elementi organici, simbolo di alcune tematiche che l'artista sente l'urgenza di affrontare, quali il livello del mare, lo sfruttamento delle risorse, l'inquinamento e le fonti di energia. Contemplando la loro natura mutevole all'interno di uno scenario come il Mare dei Wadden, che nel 2009 è stato inserito tra i patrimoni dell'umanità dell'UNESCO per il suo valore naturale, l'artista parla di geologia e geopolitica in un'unica narrazione, denunciando gli interventi antropici anche in queste acque, che per antonomasia dovrebbero essere preservate.

"The Time of the Flood" è un progetto multiforme – come del resto sono quasi tutti i lavori di Cagol – che include video, foto, performance e interventi negli spazi pubblici. È tutto quello di cui si è parlato fino ad ora

about so far and more, it is a narrative bridge between myth and history, between the timelessness of the myth that gives us back the archetypal image of the universal flood, as told in the Genesis, and the time of contemporary history that confronts us with the urgency to intervene on the reckless attitude of humankind, emphasising that water is first and foremost a human right, and we must preserve it.

e molto di più, è un ponte narrativo tra mito e storia, tra l'atemporalità del mito e dell'immagine archetipica del Diluvio Universale così com'è raccontato nella Genesi, e il tempo della storia contemporanea, che ci mette di fronte all'urgenza di intervenire sullo sconsiderato atteggiamento dell'essere umano, sottolineando come l'acqua debba essere prima di tutto un diritto umano e un nostro dovere preservarla.

• Saggio presentato all'Istituto Italiano di Cultura di Berlino (05.02.2020) e alla roundtable online organizzata dall'Istituto Italiano di Cultura di Tel Aviv (09.12.2020). *Essay presented at the Italian Cultural Institute Berlin (05.02.2020) and at the online roundtable organized by the Italian Cultural Institute Tel Aviv (09.12.2020).*

Referimenti bibliografici *Bibliographical references*

AAVV. (2012), "Speculative Realism", *Collapse*. Vol. 3. Urbanomic: London.

Abruzzese A. (1973), *Forme estetiche e società di massa*. Marsilio: Venezia.

Abruzzese A. (2012), "L'acqua prima del diluvio". In G. Stampone, *Global education*. Damiani: Bologna.

Baudrillard J. (1968), *Le système des objects*. Gallimard: Paris (trad. it. *Il sistema degli oggetti*, Bompiani, Milano, 1972).

Bauman Z. (1997), *Postmodernity and its Discontents*. Polity: Oxford (trad. it. *Il disagio della postmodernità*, Bruno Mondadori, Milano, 2007).

Bauman Z. (2006), *Liquid Fear*. Cambridge: Polity (trad. it. *Paura liquida*, Laterza, Bari, 2008).

Bourriaud N. (2002), *Postproduction. La culture comme scénario: comment l'art reprogramme le monde contemporain*. Sternberg Press: New York (trad. it. *Postproduction. Come l'arte riprogramma il mondo*, Postmedia Books, Milano, 2004).

Garribba P. (edited by) (2010), *I simboli ebraici*. Com Nuovi Tempi: Roma.

Giddens A. (2015), *La politica del cambiamento climatico*. Il Saggiatore: Milano.

Gioni M. (edited by) (2013), *Il Palazzo Enciclopedico*. 55ª Esposizione internazionale d'arte – La Biennale di Venezia. Marsilio: Venezia.

Harari Y. N. (2011), *From Animals into Gods: A Brief History of Humankind*. CreateSpace: Scotts Valley (trad. it. *Sapiens. Da animali a dèi. Breve storia dell'umanità*, Bompiani, Milano, 2017).

Lattes D. (1986), *Nuovo Commento alla Torah*. Carucci Editore: Roma.

Lèvy P. (1997), *Cyberculture. Rapporta u Conseil de l'Europe*. Odile Jacob: Paris (trad. it, *Cybercultura. Gli usi sociali delle nuove tecnologie*. Feltrinelli, Milano, 1999).

Maimonide M. (2013), *La guida dei perplessi*. UTET: Milano.

McLuhan M. (1964), *Understanding Media: The Extensions of Man*. MIT Press: Cambridge (trad. it. *Gli strumenti del comunicare*, Garzanti, Milano, 1967).

McLuhan M., Powers B. (1986), *The Global Village: Transformations in World Life and Media in the 21st Century*. Oxford University Press: Oxford (trad. it. *Il villaggio globale. XXI secolo: trasformazione nella vita e nei media*, Sugaro, Milano, 1989).

Morton T. (2013), *Hyperobjects : Philosophy and Ecology after the End of the World*. University of Minnesota Press: Minneapolis (trad. it. *Iperoggetti*, Nero, Roma, 2018).

Pacifici R. (1997), *Midrashim. Fatti e personaggi biblici*. Fabbri: Milano.

Perniola, M. (1980), *La società dei simulacri*. Cappelli: Bologna.

Thunberg G., Thunberg S., Ernman B., Ernman M. (2019), *Our house is on fire. Scenes of a family and a planet in crisis*. Pengiun: London (trad. it. *La nostra casa è in fiamme. La nostra battaglia contro il cambiamento climatico*, Mondadori, Milano, 2019).

Virilio P. (1984), *L'Horizon négatif*. Galilée: Paris (trad. it. *L'orizzonte negativo*, Costa & Nolan, Genova, 1986).

Virilio P. (1998), *La bombe informatique*. Galilée: Paris (trad. it. *La bomba informatica*, Raffaello Cortina Editore, Milano, 2000).

Wadhams P. (2017), *Addio ai ghiacci. Rapporto dall'Artico*, Bollati Boringhieri: Torino.

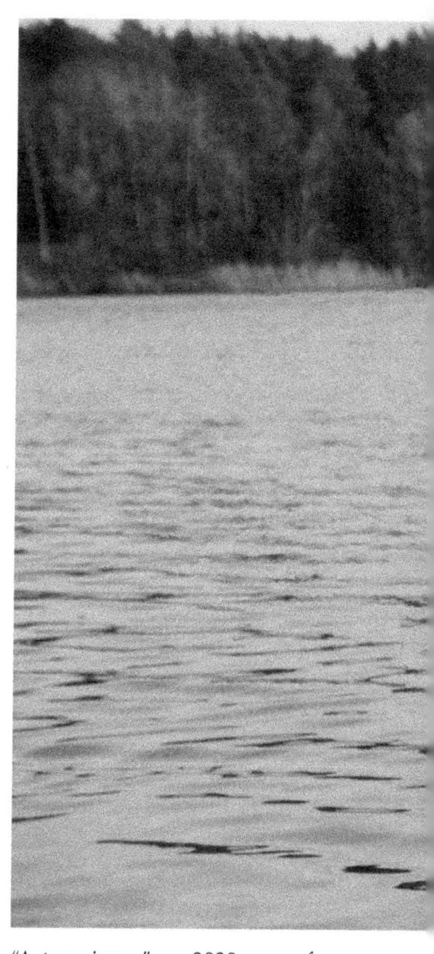

"Antagonismus", 2020, performance, bomboletta di lacca per capelli, accendino. *Performance, aerosol hairspray, lighter.* Photo; HD video, 06:50 min. (Flughafensee, Berlin, 29.01.2020)

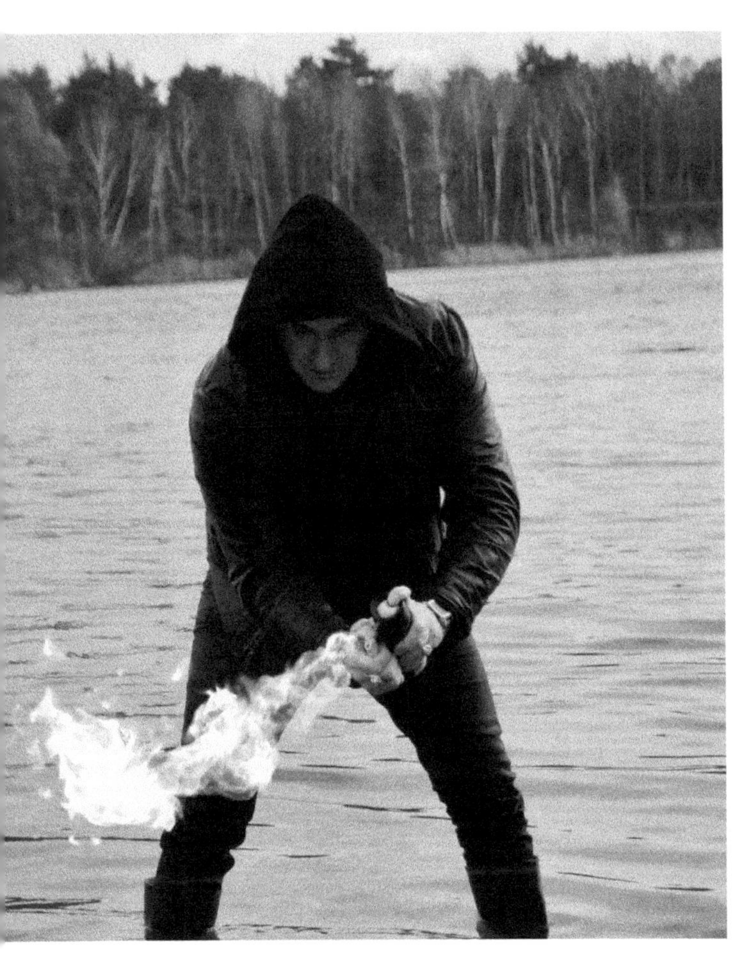

Natura e futuro. Una coppia in crisi

Nature and future. A couple in crisis

Silvana Greco

Natura e futuro. Una coppia in crisi

Nature and future. A couple in crisis

Silvana Greco

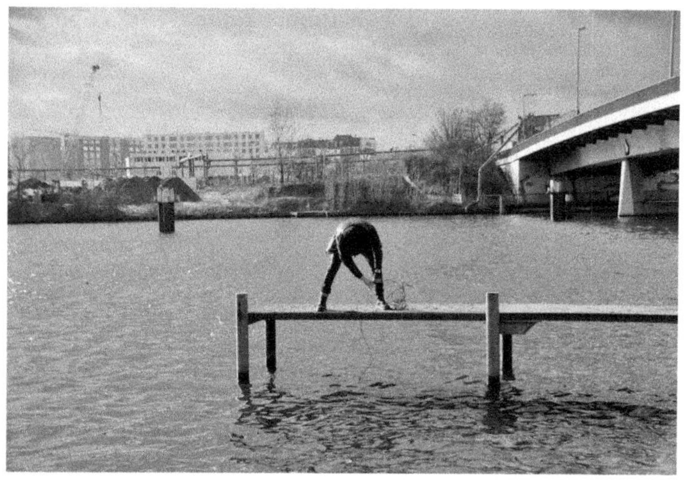

"Fathom", 2020, performance, endoscopio digitale. *Performance, digital endoscope*. Photo; HD video, 06:50 min. (Nordhafen, Berlin, 24.01.2020)

Natura e futuro. Una coppia in crisi

Silvana Greco

Tre sono i temi di riflessione che vorrei elaborare in questo mio contributo sulla mostra "The Time of the Flood", di Stefano Cagol, che m'incantò a Berlino, nella sede dell'Istituto italiano di cultura, quando la vidi per la prima volta. Un'opera che va vista, che va attraversata e percepita con tutti i nostri sensi, sperimentata. Un'opera che ci fa riflettere, ci scuote, che è radicale, nel senso letterale della parola, perché va alla radice dei paradossi, delle contraddizioni e dei dilemmi (Rampazi 2020), che stiamo vivendo nelle società post-moderne, non solo in Europa, e invita a lasciare il conosciuto e a metterci in discussione.

La prima riflessione riguarda il rapporto articolato, talvolta sofferto, senz'altro

Nature and future. A couple in crisis

Silvana Greco

*There are three themes of reflection, that I would like to elaborate in this essay related to the exhibition "The Time of the Flood," by Stefano Cagol, which enchanted me in Berlin, at the Italian Institute of Culture, when I saw it for the first time. A work that you must see, cross and experience with all your senses. A work that makes us reflect, that shakes us, that is radical, in the literal sense of the word, because it goes to the root (*radix *in Latin) of paradoxes and contradictions (Rampazi 2020), that we are living in post-modern societies not only in Europe, and that invites us to leave the known and question ourselves.*

The first reflection concerns the articulated, sometimes suffered, unbalanced relationship

sbilanciato, tra la natura e l'essere umano, tra l'ambiente naturale e il vivere quotidiano nelle nostre città.

È proprio da questa tensione e antagonismo tra "stato di natura" e "stato di cultura" che sono sorte le società moderne. Il pensiero giusnaturalistico del Sei-Settecento concepiva lo "stato di natura" sia come condizione esistenziale sia come spazio naturale, in cui gli esseri umani erano immaginati come autonomi e capaci di provvedere alla propria autoconservazione, senza che servissero loro né alcuna organizzazione politica né altre leggi oltre a quelle naturali. Connessa con la concezione di uno stato di natura è l'altra idea, anch'essa d'età moderna, di un contratto sociale. Dallo stato di natura, gli uomini, "in quanto esseri sociali, sarebbero usciti per entrare 'nello stato di cultura', mediante un patto di condivisione sociale *(pactum unionis*), accompagnato, o seguito, da un altro accordo,

between nature and the human being, between the natural environment and everyday life in our cities.

*From this tension and antagonism between "state of nature" and "state of culture," modern societies have arisen. The Natural law theory of the Seventeenth and Eighteenth centuries conceived the "state of nature" both as an existential condition and as a natural space, in which humans have been imagined as autonomous and able to provide for their own self-preservation, without needing nor political organization neither laws but natural ones. Connected with the conception of a state of nature is also the other idea of a social contract, typical of the modern age. From the state of nature, "human beings, as social beings, would enter 'the state of culture,' through a pact of social sharing (*pactum unionis*), accompanied, or followed by a further agreement, of submission to an authority, the basis*

di sottomissione a un'autorità, base di un'organizzazione politica (*pactum subiectionis*)" (Frassò 2001, pp. 91-92). Con la nascita dello Stato moderno, assistiamo quindi a una tensione, separazione, e talvolta rottura, tra natura e cultura. Tale lacerazione è rimasta percepibile fino ai giorni nostri.

Come insegna il sociologo tedesco Helmuth Plessner, a differenza della pietra, che *sta,* immobile, nel suo contesto naturale, l'essere umano *si posiziona* rispetto all'ambiente, in senso eccentrico, dotato com'è della facoltà di riflettere sul proprio agire (Plessner 2006/1928, Plessner 1969, cfr. Fischer 2006). Un posizionamento che lo porta a instaurare relazioni di potere e di dominio nei confronti della natura, che egli sfrutta ai fini del proprio sviluppo economico, con un antagonismo che si trasforma in totale indifferenza.

Le immagini della natura, che ci mostra Stefano Cagol

of a political organization (pactum subiectionis*)" (Frassò 2001, pp. 91-92). When the Modern state is born, we witnessed tension, separation, and sometimes rupture, between nature and culture. This laceration has remained perceptible to this day.*

As the German Jewish sociologist Helmuth Plessner teaches us, the human being – differently than the stone that stands still *in its natural context* – positions itself *regarding the environment, in an eccentric position, endowed as it is with the ability to reflect on its actions (Plessner 2006/1928, Plessner 1969, cfr. Fischer 2006). A positioning that leads to establishing relationships of power and dominion over nature, exploited for economic development, with an antagonism that turns into total indifference.*

The images of nature, which Stefano Cagol shows in his videos, are dark, sad, grey.

Consider, for example, "Fathom." In the video, the

nei suoi video, sono cupe, tristi, grigie.

Si pensi, ad esempio, a "Fathom". Qui i canali di Nordhafen, uno dei porti della metropoli berlinese, mostrano grande sofferenza. L'acqua è torbida, lurida, contaminata, piena di schiuma che galleggia sulla superficie (Cagol, "Fathom", 00:00-00:57). Nessuno, però, sembra curarsene, tutti hanno altro e meglio da fare, l'ambiente non provoca nessuna emozione, non risuona più. I canali dimenticati, lasciati a se stessi. Importante è solo ciò che è utile a quelli seduti nei furgoncini in lontananza nel video, a chi si muove in modo frenetico nella città per concludere – sperano – affari proficui.

Tutti i rapporti di potere, però, non sono altro che "forme complesse di relazioni mobili e strategiche in cui gli attori non sempre mantengono la stessa e medesima posizione"

canals of the Nordhafen, a former port in Berlin, look deeply suffering. The water is cloudy, dirty, contaminated, full of foam floating on the surface (Cagol, "Fathom," 00:00-00:57). But no one seems to care; they have other and better things to do; the environment does not cause any emotion; it does not resonate anymore. The channels are forgotten, left to themselves. The important thing is what is useful to those who appear sitting faraway in their vans in the video, who move frantically in the city to conclude – they hope – a profitable business.

However, all relationships based on power are nothing more than "complex forms of mobile and strategic relationships in which the actors do not always maintain the same and same position" (Foucault 2005). Like them, even the relationship between nature and human

"Fathom", 2020, performance, endoscopio digitale. *Performance, digital endoscope.* Photo; HD video, 06:50 min. (Nordhafen, Berlin, 24.01.2020)

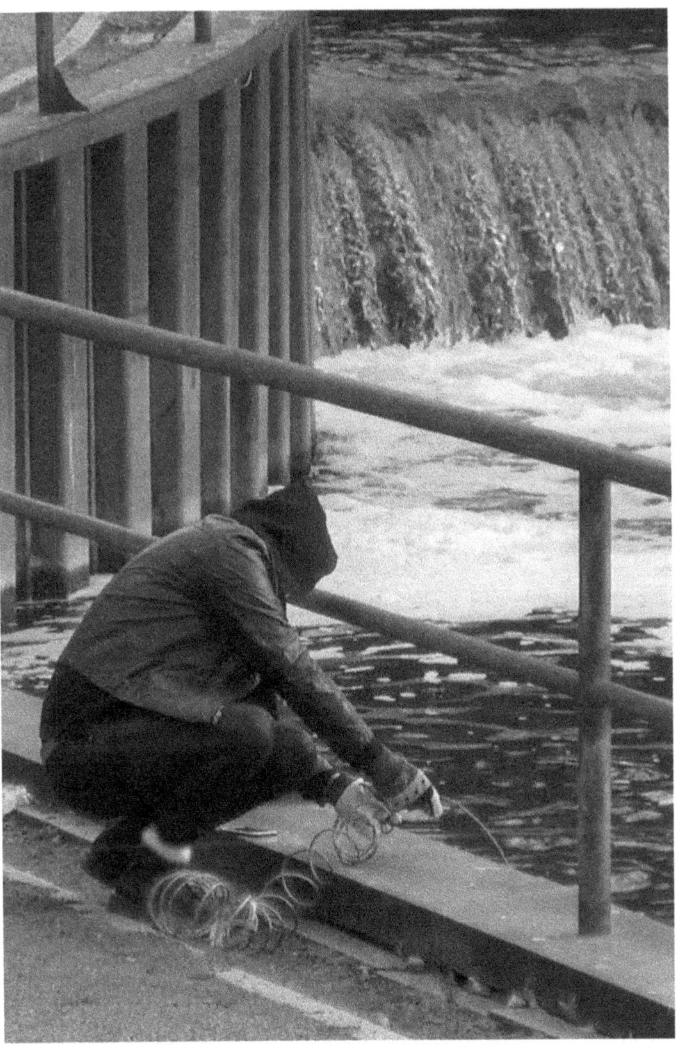

(Foucault 2005), e, come questi, anche la relazione tra la natura e l'essere umano si può capovolgere.

Ora è l'uomo a percepire la forza della natura, imperturbabile, eterna. Emblematico a tal riguardo è "Gezeitenkraft", che ritrae in tutta la sua magnificenza il Wattenmeer [Mare dei Wadden], oggi dichiarato patrimonio naturale tutelato dell'Unesco (Cagol, "Gezeitenkraft", 00:16-1:51). E lì è l'uomo che deve sottostare alle regole del Mare del Nord, alle alte e basse maree. Si deve fare da parte, assecondare i ritmi dell'acqua. Una figura umana appare e scompare, camminando sul bagnasciuga, e intuisce che la sua permanenza su questa terra non sarà eterna, diversamente da quella del Mare dei Wadden.

Poi, vi sono volte in cui il rapporto tra la natura e l'essere umano sembra addirittura spezzarsi, in seguito alla crescita forsennata dei ritmi di vita che contrassegnano le

can overturn.

Now it is the human who perceives the force of nature, imperturbable, eternal. Emblematic is "Gezeitenkraft," which depicts – in all its magnificence – the Wadden Sea, now declared a UNESCO World Heritage Site (Cagol, "Gezeitenkraft," 00:16-1:51). Here the human has to follow the rules of the North Sea, the high and low tides. One has to step aside, to submit to the rhythms of water. A figure appears and disappears, walking on the shore, and perceives that our presence on Earth will not be eternal, differently from the Wadden Sea.

There are also times when the relationship between nature and the human being seems to break down as the result of the mad growth of the rhythms of life that mark our modern societies.

This brings us to the second consideration about Cagol's work. It is another central element of modernity,

nostre società moderne.

Questo ci porta alla seconda considerazione sull'opera di Cagol. È un altro elemento centrale della modernità, o, piuttosto, della tarda modernità: l'accelerazione inarrestabile dei ritmi e stili di vita, così ben rappresentata in "Just before" (Cagol, "Just before", 00.18-01:20). Mentre il personaggio principale – l'alter ego artistico di Cagol – si dirige con passo lento e felpato verso il Reichstag, le automobili che affollano i vialoni della metropoli tedesca si muovono in modo vertiginoso, non si arrestano mai. È difficile perfino scorgere un solo volto dentro l'abitacolo dei veicoli.

Presi dal vortice dell'agire quotidiano, gli individui sono ciechi, sordi e apparentemente inconsapevoli del pericolo che incombe su di loro, a causa dei disastri ecologici passati e futuri. Un'assordante sirena, dal suono fastidioso e gracchiante echeggia davanti al Reichstag tedesco, emblema

or, better, late-modernity: the unstoppable acceleration of rhythms and lifestyles, so well represented in "Just before" (Cagol, "Just before," 00.18-01:20). The main character – Cagol's artistic alter ego – walks toward the Reichstag with a slow and plush pace, while the cars crowding the boulevards of the German metropolis move dizzyingly, they never stop. It is not possible to see any single face inside the vehicles.

Absorbed by the vortex of daily actions, individuals are blind, deaf and unaware of the danger looming over them due to past and future ecological disasters. A deafening siren, annoyingly loud and crackling, echoes in front of the German Reichstag, the emblem of political power. Its noise should extremely alarm the citizens, but it has no effect. They do not turn, continue undaunted their march to who knows where (Cagol, "Just before," 05:36-06:00).

Also in "Signal to the

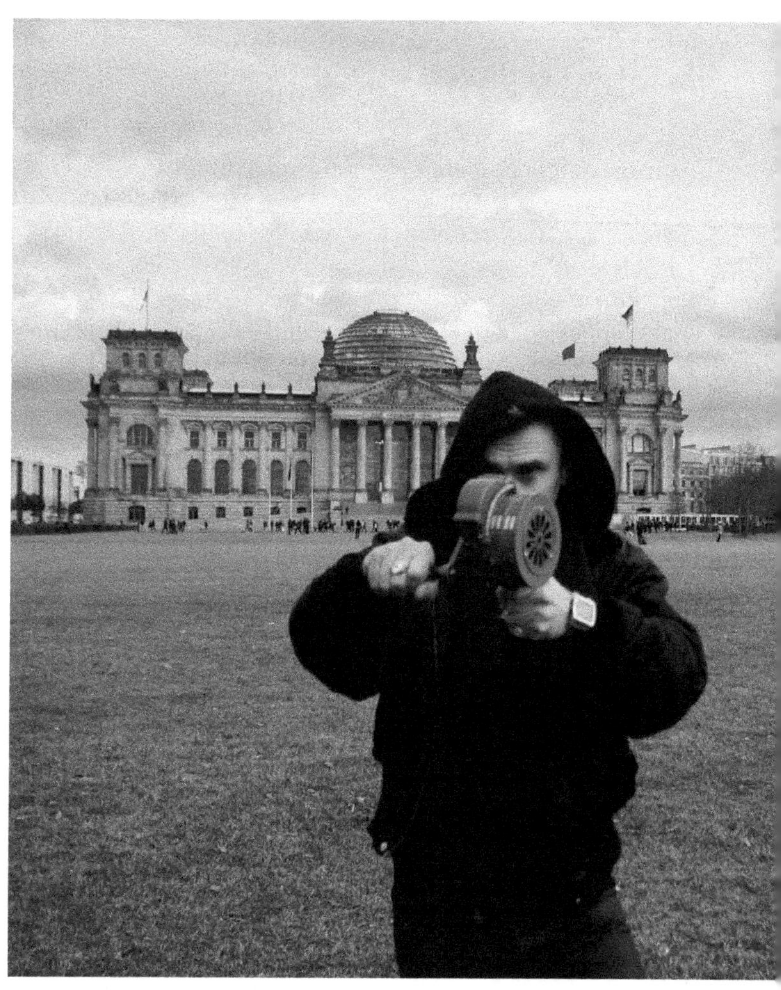

"Just before (the time of the flood)", 2020, performance, sirena a mano, luci d'emergenza. *Performance, manual siren, emergency lights.* Photo; HD video, 10:45 min. (Fernsehturm, Europacity, Reichstag, Berlin, 18.01.2020)

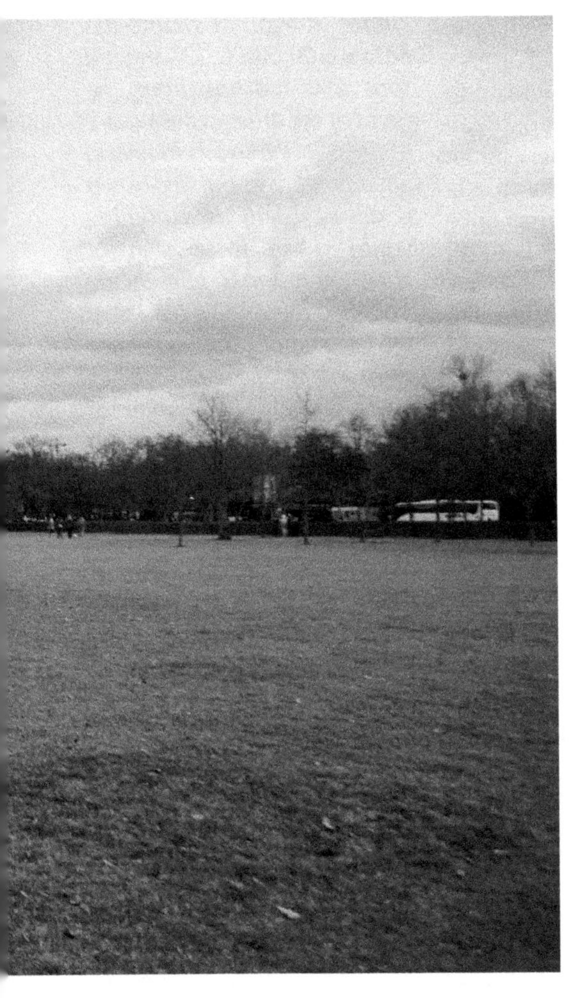

del potere politico. Il suo rumore dovrebbe allarmare oltremodo i cittadini, ma non suscita alcun effetto. Non si voltano, non si girano, continuano imperterriti la loro marcia verso chissà dove (Cagol, "Just before", 2020, 05:36-06:00)

Anche in "Signal to the Future" (Cagol, "Signal to the Future", 00:08-00:22), la macchia rossa che, nella piazza di Bressanone, s'irradia dalla mano dell'artista, sembra preannunciare un'emergenza, eppure la cittadina è deserta, silenziosa, come se nulla potesse scuoterla. Un segnale d'attenzione, che si perde nell'indifferenza.

A partire da metà degli anni Settanta del secolo scorso, le prime grandi catastrofi ambientali – pensiamo ad esempio al caso Seveso in Italia del 10 luglio 1976, causato dalla fuoriuscita di una nube tossica di diossina TCDD dagli stabilimenti dell'ICMESA (Ziglioli 2010) – hanno messo sotto i nostri occhi i limiti dello

Future" (Cagol, "Signal to the Future," 00:08-00:22), the red spot that radiates from the hand of the artist in the square of Bressanone seems to herald an emergency, but the town is desert, silent as if nothing could shake it. A sign of attention lost in indifference.

Since the mid-Seventies of the last century, the first major environmental catastrophes have brought the limits of socio-economic exploitation of the natural environment before our eyes (Rampazi 2020) – think, for example, of the Seveso disaster in Italy (July 10, 1976), caused by the leakage of a toxic cloud of TCDD dioxin from the ICMESA plants (Ziglioli 2010). Despite some relevant environmental policy measures taken, paradoxically, the repercussions on the way people live have been relatively scarce. Continual acceleration is the hallmark of our contemporary societies (Rosa 2013, Fœssel 2010). As the sociologist Hartmut Rosa has brilliantly demonstrated

sviluppo socio-economico nei confronti dell'ambiente naturale (Rampazi 2020). Sebbene siano stati presi importanti provvedimenti politici in tema ambientale, paradossalmente le ripercussioni sulla modalità di vita degli individui in Europa sono state relativamente poche. L'accelerazione continua è il carattere distintivo delle nostre società contemporanee (Rosa 2013, Fœssel 2010). Come ci ha brillantemente dimostrato il sociologo Hartmut Rosa nel suo recente libro "Social Acceleration: A New Theory of Modernity" (Rosa 2015), il fenomeno abbraccia diversi ambiti. I) L'accelerazione nella produzione, nei trasporti e nella comunicazione. II) L'accelerazione del cambiamento sociale, dovuta all'erosione delle grandi istituzioni come la famiglia e il lavoro. La nostra vita ci appare tanto più realizzata

in his recent book "Social Acceleration: A New Theory of Modernity" (Rosa 2015), the phenomenon covers several areas. I) Acceleration of production, transportation and communication. II) Acceleration of social change due to the erosion of large institutions such as family and work. Our life appears to all of us more fulfiled the more we experience, travel, consume material goods and services, and swell up the contacts. The main effort of modernity leads individuals to increase their own "portion of the world." III) The latter form of acceleration is that of the rhythms of life. We all, currently, in one way or another, try to live faster, increasing the number of actions and experiences per unit of time or doing more things in less time.

Is the one between nature and human beings an irreparable crisis, even projected into the future? We

Pagina seguente. *Next page*: "Signal to the Future", 2020, performance, segnale di soccorso. *Performance, flare.* Photo; HD video, 03:00 min. (Brixen, 16.05.2020)

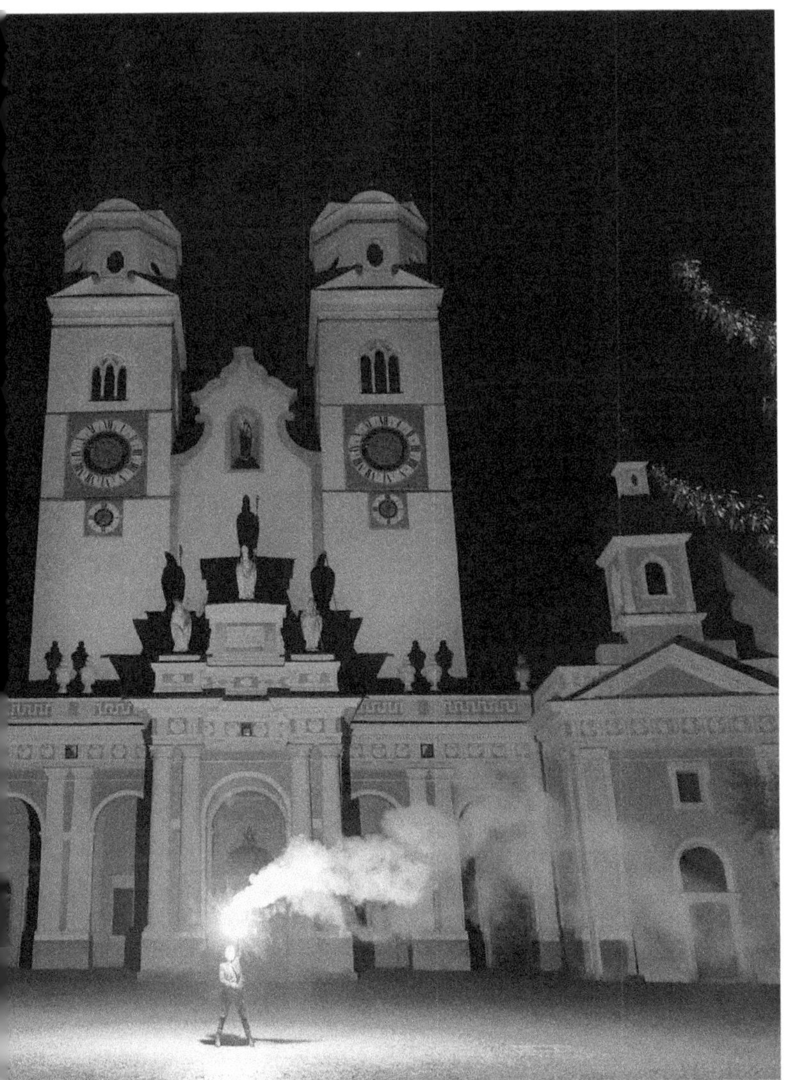

quanto più esperienze facciamo, viaggi realizziamo, beni materiali e servizi consumiamo, o accresciamo il numero di contatti. Lo sforzo centrale della modernità porta gli individui a incrementare la propria "porzione di mondo" e l'"accesso al mondo stesso". III) L'ultima forma di accelerazione è quella dei ritmi di vita. Tutti noi oggi, in un modo o nell'altro, cerchiamo di vivere più in fretta, aumentando il numero di azioni ed esperienze per unità di tempo, oppure facendo più cose in meno tempo (Rosa 2013, 2015).

Quella tra natura ed esseri umani è dunque una crisi irreparabile, che si proietta anche nel futuro? Ce lo chiediamo di fronte all'opera di Cagol, il cui compito certamente non è quello di fornire una soluzione semplicista una volta per tutte. Sembra suggerire un altro percorso.

Così, mi avvio alla terza e conclusiva riflessione, quella riguardo alla dimensione

ask this to ourselves in front of the work of Cagol, whose aim is certainly not to provide us with a simplistic solution once and for all. It seems to suggest another path.

So, I begin my third and final reflection, the one concerning the revolutionary dimension of the works of Stefano Cagol that pushes us to question ourselves. Already in "Fathom," the artist invites us to go beyond the surface of the water, reflect on our actions, free from our self-deceptions, from our collective suppressions. But the flood also has another meaning. It should be understood as the propulsive force of a creative process that tears off our habits, our identities. The process of deconstructing our individual and collective identity is tantamount to mourning, which brings with it pain, melancholy, sadness. Yet, if we continue along the path and leave the gloomy atmosphere behind us, we will reach the peaks of a

rivoluzionaria dei lavori di Stefano Cagol, che ci spinge a metterci in discussione. Già in "Fathom", l'artista invita ad andare oltre la superficie dell'acqua, a riflettere sul nostro agire, a liberarci dai nostri autoinganni, dalle nostre rimozioni collettive. Il diluvio ha però anche un altro significato. Va inteso come forza propulsiva di un processo creativo che ci strappa di dosso i nostri abiti, le nostre abitudini, le nostre identità. Il processo di decostruzione degli aspetti della nostra identità individuale e collettiva equivale a un lutto, che porta con sé dolore, melanconia, tristezza. Eppure, se proseguiremo il percorso e ci lasceremo alle spalle l'atmosfera cupa, arriveremo insieme a raggiungere le vette di un vulcano (Cagol, "Abiogenensis"), risalire la china, e, allora, ci ritroveremo in un paesaggio assolato, dove le acque sono sulfuree, vitali (Cagol, "Abiogenesis", 00:30-00:57).

volcano together (Cagol, "Abiogenesis"), we will climb up the slope and reach a sunny landscape, where the waters are sulphurous, vital (Cagol, "Abiogenesis," 00:30-00:57).

The artist bends over the warm water. He turns towards the incredulous spectator. He slowly opens his right hand – a symbolic action of opening – and, on his palm, a beautiful green stone, like a precious jewel (Cagol, "Abiogenesis," 02:46-03:38).

A path that puts us back in touch with ourselves, in resonance with nature (Rosa 2016), and makes us find our "time of life," a slower time, fuller of discoveries and emotions than the "time of the world" (Blumeneberg 1986).

L'artista si china sull'acqua tiepida. Si gira verso lo spettatore incredulo. Apre lentamente la sua mano destra – un atto simbolico di apertura – e sul palmo è poggiata una splendida pietra verde, come un gioiello prezioso (Cagol, "Abiogenesis", 02:46-03:38).

Un percorso che ci rimette in contatto con noi stessi, in risonanza con la natura (Rosa 2016), e ci fa ritrovare il nostro "tempo di vita", un tempo più lento, gravido di scoperte ed emozioni rispetto al "tempo del mondo" (Blumenberg 1986).

• Saggio presentato alla roundtable online organizzata dall'Istituto Italiano di Cultura di Tel Aviv (09.12.2020). *Essay presented at the online roundtable organized by the Italian Cultural Institute Tel Aviv (09.12.2020).*

Referenze bibliografiche Bibliographic *references*

Blumenberg H. (1986), *Lebenszeit und Weltzeit.* Suhrkamp: Frankfurt.

Fassò G. (2001), *Storia della filosofia del diritto. II. L'età moderna.* Laterza: Bari.

Fischer J. (2006), "Philosophische Anthropologie — Ein wirkungsvoller Denkansatz in der deutschen Soziologie nach 1945 / Philosophical Anthropology — An Important Approach in Post-war German Sociology", *Zeitschrift für Soziologie,* Vol. 35, No. 5 (Oktober), pp. 322-347.

Fœssel M. (2010), "Tout va plus vite et rien ne change: le paradoxe de l'accélération", *Esprit*, No. 365 (6) (Juin), pp. 22-34.

Foucault M. (2005), *Analytik der Macht*. Suhrkamp: Frankfurt.

Plessner H. (2006/1928), *I gradi dell'organico e l'uomo. Introduzione all'antropologia filosofica*. Bollati Boringhieri: Torino (*Die Stufen des Organischen und der Mensch*, in Gesammelte Schriften IV. Suhrkamp: Frankfurt).

Plessner H. (1969), "De Homine Abscondito", *Social Research*, Vol. 36, No. 4, (Winter), pp. 497-509.

Rampazi M. (2020), *Dilemmi globali. Introduzione alla sociologia della globalizzazione*. Egea: Milano.

Rosa H. (2013), *Beschleunigung und Entfremdung. Entwurf einer kritischen Theorie spätmoderner Zeitlichkeit*. Suhrkamp: Frankfurt.

Rosa H. (2015), *Social Acceleration: A New Theory of Modernity*. Columbia University Press: New York City.

Rosa H. (2016), *Resonanz. Eine Soziologie der Weltbeziehung*. Suhrkamp: Frankfurt.

Ziglioli B. (2010), *La mina vagante. Il disastro di Seveso e la solidarietà nazionale*. FrancoAngeli: Milano.

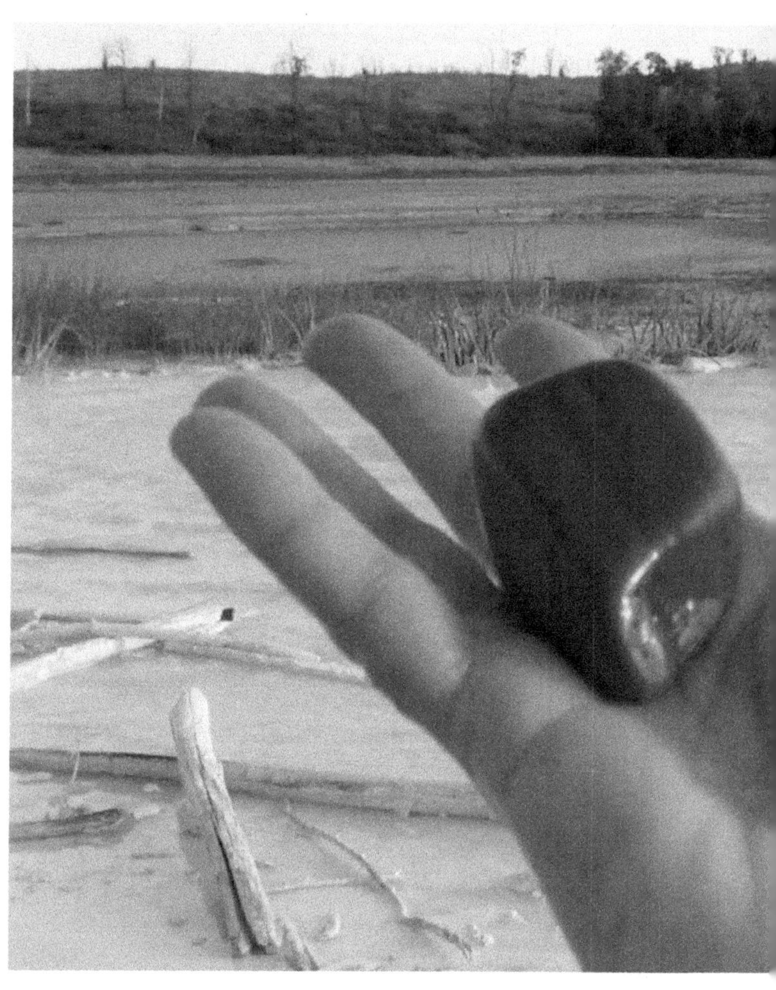

"Abiogenesis", 2020, performance, caldera vulcanica, sasso verde delle Alpi. *Performance, volcanic caldera, green stone from the Alps.* Video still; HD video, 03:25 min. (Manziana, 13.07.2020)

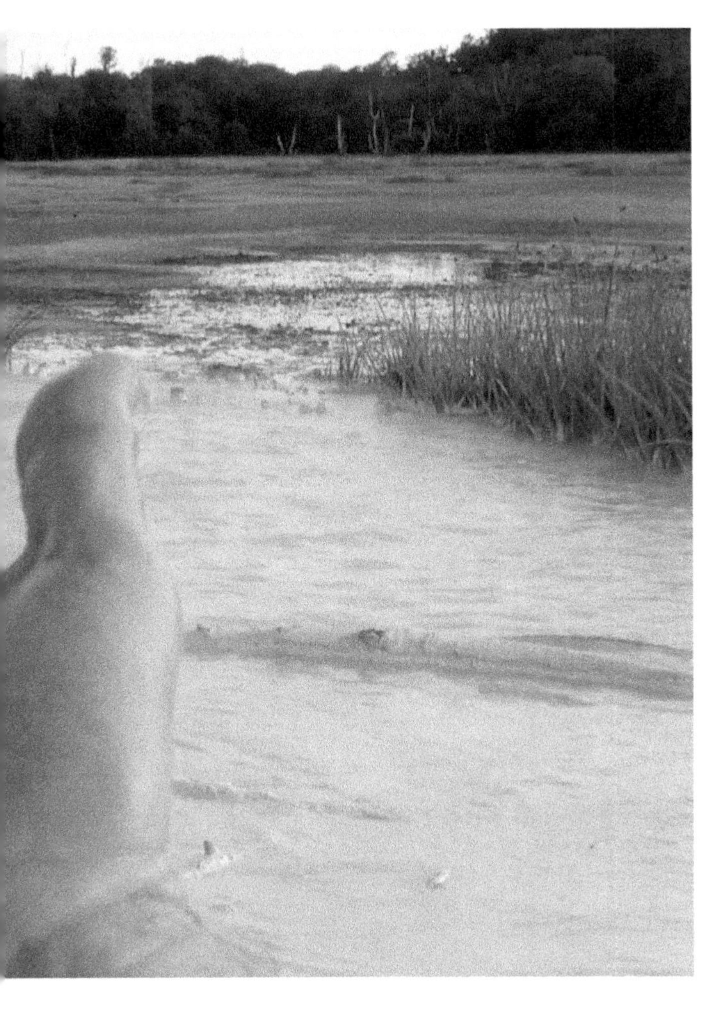

Radicale tenerezza

Radical tenderness

Mareike Dittmer

Radicale tenerezza

Radical tenderness

Mareike Dittmer

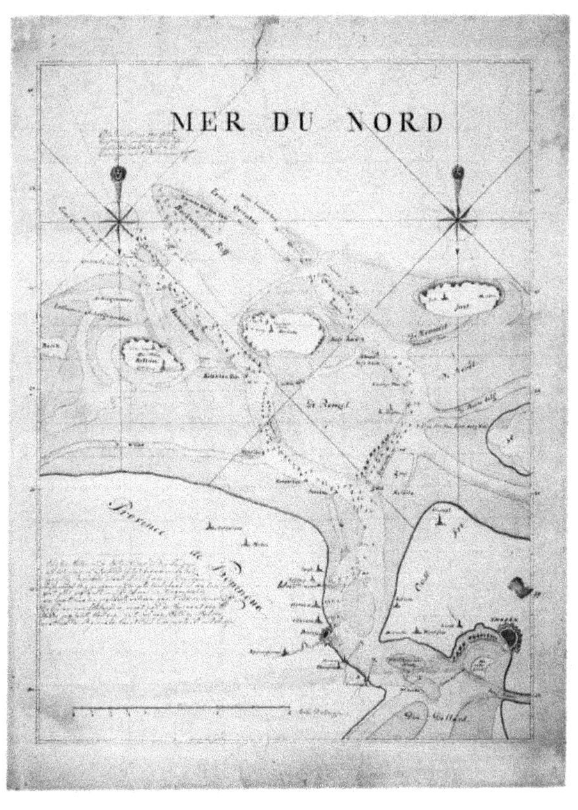

Wattenmeer, 1780 ca, mappa manoscritta, Mare dei Wadden, estuario del fiume Ems. *Manuscript chart, Wadden Sea, Ems estuary*

Radicale tenerezza

Mareike Dittmer

Riguardo alla questione di quanto possa fare l'arte all'interno di un discorso scientifico sullo stato del mondo, è esemplare il progetto di Stefano Cagol "The Time of the Flood", che attinge alla ricerca sulla catastrofe climatica e trasforma questa in un messaggio da non ignorare.

"Noi siamo il riscaldamento globale. Noi siamo le pandemie. Noi siamo il diluvio."

La formulazione di Cagol esprime un aspetto universale del nostro essere nel mondo. Piuttosto che tagliare i ponti con disapprovazione e vergogna per i nostri fallimenti, apre una porta, porge un abbraccio. Come artista, si pone come parte degli eventi. C'è una radicale tenerezza in

Radical tenderness

Mareike Dittmer

Concerning the theme of what art can do within a scientific discourse about the state of the world, Stefano Cagol's project "The Time of the Flood" is exemplary, drawing on research about the climate catastrophe and turning this research into a message not to be ignored.

"We are global warming. We are pandemics. We are the flood."

Cagol's formulation releases a universal aspect of our being in this world. Rather than cutting ties with blaming and shaming our failures, he opens a door, offers an embrace. As an artist, he presents himself in a way that he is part of the events. There is a radical tenderness in this offering, an inclusion enabling the viewer to experience, to understand

quest'offerta, un'inclusione che permette allo spettatore di fare esperienza, di capire che non sono forze sconosciute là fuori a danneggiare il nostro habitat naturale, a cambiare il clima e farci precipitare giù di botto in un abisso, ma siamo noi questa forza, stiamo facendo noi il danno, tutti noi. L'appello alla nostra coscienza è anche una sollecitazione alla nostra capacità di prestare attenzione e porre rimedio. Porta a pensare al modo in cui agire diversamente, perché dobbiamo renderci conto che siamo entrambe le cose, parte del problema e l'opportunità di affrontarlo, se non di risolverlo. Per questo, Cagol innesca un "ponte narrativo", come lo chiama Giorgia Calò nel suo saggio. Un ponte che apre un dialogo, quale filo rosso attraverso il lavoro di Cagol.

Nel suo progetto portato a Tel Aviv, la nozione di diluvio è una forte metafora biblica. Come fenomeno naturale, il

that it is not unknown forces out there damaging our natural habitat, changing the climate and driving us in full throttle into the abyss – instead, we are this force, we are doing the damage, all of us. This call to our conscience is also an appeal to our ability to care and remedy. It opens a way of thinking on how to act differently – because we have to realise that we are both things, part of the problem and the possibility to tackle if not solve it. And for this, Cagol is triggering a "narrative bridge" as Giorgia Calò calls it in her essay. A bridge that is starting a dialogue, which is a fil rouge running through Cagol's work.

In his project brought to Tel Aviv, the notion of the flood is a strong, biblical metaphor. As a natural phenomenon, the flood can be provoked by humans and be read as nature revolting, although in the past it has also been interpreted as being thrown over humankind by godlike power. The deluge,

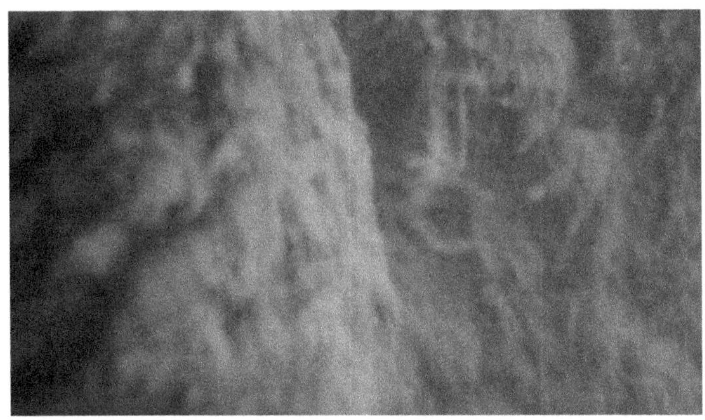

"Fathom", 2020, performance, endoscopio digitale. *Performance, digital endoscope*. Video still; HD video, 06:50 min. (Nordhafen, Berlin, 24.01.2020)

diluvio può effettivamente essere provocato dagli esseri umani ed essere letto come una rivolta della natura, sebbene in passato sia stato anche interpretato come scagliato sul genere umano da entità divine. Il diluvio, il diluvio universale, doveva essere la fine, e solo la possibilità di un'arca rappresentava l'opportunità per un nuovo inizio. In ogni caso, il diluvio è un evento che non può essere fermato. Deve essere subito. C'è un detto sul comportamento irresponsabile – "Dopo di noi il diluvio" – che riecheggia esattamente il diluvio universale. Identificare un fenomeno così catastrofico in un personaggio plurale come in "Noi siamo il diluvio" rende la sconsideratezza immediatamente più tangibile, meno astratta e teorica. Il diluvio, la pandemia, il riscaldamento globale – diventano i personaggi di un dramma, un dramma che si svolge sotto i nostri occhi e di cui siamo parte

the great flood, was supposed to be the end, and only the possibility of an ark set the potential for a new beginning. Either way, the flood is an event that cannot be stopped. It has to be endured. There is a saying – "After us the deluge" – about the irresponsible behaviour echoing exactly the great flood. Identifying such a catastrophic phenomenon into a multiple persona as in "We are the flood" makes irresponsibility immediately more tangible, less abstract and theoretical. The flood, the pandemic, global warming – they become the characters in a drama, a drama unfolding before our eyes, and we are an active part of it. Calling us out, we cannot close our eyes. If we turn them into us – using the third plural person as Cagol does – there is a highly immediate effect, making the global not only personal but also individual. Not "the others," neither industrialists nor politicians and scientists, but every single one of us is part of this "we" and thus to

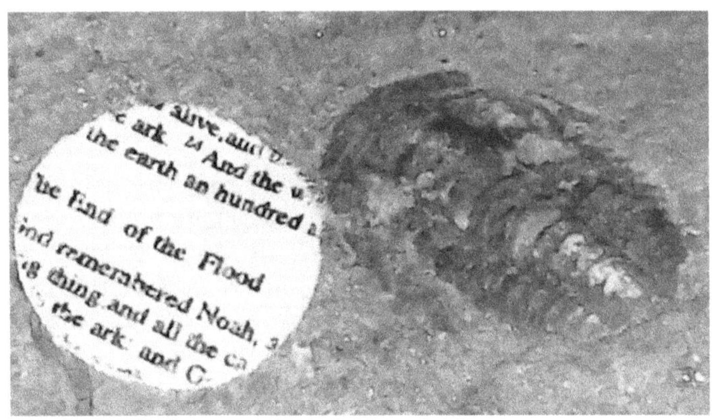

"The End of the Flood", 2020, video still da microscopio digitale, trilobite fossile, 4 x 7 mm, 500 milioni di anni, ritaglio dalla Genesi miniaturizzata, 5 mm. *Video still from digital microscope, trilobite fossil, 4 x 7 mm, 500 million years old, miniaturized Genesis fragment, 5 mm*

attiva. Chiamandoci fuori, non possiamo chiudere gli occhi. Se ci immedesimiamo in questi – usando la terza persona plurale come fa Cagol – c'è un effetto assolutamente immediato, che rende il globale non solo personale ma anche individuale. Non "gli altri", né gli industriali, né i politici, né gli scienziati, ma ognuno fa parte di questo "noi" e quindi deve renderne conto.

Tuttavia, vista la natura inclusiva di questo "noi", il

be held accountable.

However, due to the inclusive nature of this "we," its result is not a single accusation but rather the establishment of a community; in other words, it gives a chance, a possibility for shared action. Therefore, Cagol's metaphors and way of speaking with these metaphors are not a pointed finger but almost a hug – to embrace this whole dreadful situation and its course in order to create space for change. Once we realise that we are

risultato non è il rivolgere una singola accusa, ma piuttosto la creazione di una comunità; in altre parole, dà una possibilità, la possibilità di un'azione condivisa. Le metafore di Cagol e il modo di comunicare attraverso queste metafore non sono un dito puntato, ma quasi un abbraccio, un invito a stringere tra le braccia tutta questa terribile situazione e il suo corso al fine di dare spazio al cambiamento. Appena ci rendiamo conto che siamo noi il problema, riusciamo a capire che solo noi possiamo influenzarlo, insieme.

Gli artisti possono offrire nuovi modi di porsi e quindi introdurre diversi modi di pensare. Non accusando ognuno di noi dicendo "tu sei la causa", ma costruendo un "noi", una comunità che ha cura. Significa che dobbiamo fare qualcosa, individualmente e allo stesso tempo collettivamente, come comunità, dobbiamo unire le forze, come persone, come

the problem, it trickles down to the acknowledgement that only we can have an effect on it, together.

Artists can offer new ways of looking and thus introduce different ways of thinking. Not accusing everyone and saying "you are the cause," but constructing a "we," a community of care. It means we have to do something, individually and at the same time collectively, as a community, we have to band together, as people, as nations, as continents.

While the Corona situation confronted us with a very difficult extended surge of separation and isolation, there is a hope within Cagol's work that it might also present a window of opportunity. After two months into the pandemic crisis, in May 2020, with the world in the grasp of COVID-19, in the Venice lagoon, dolphins appeared again – we noticed them close to Ocean Space, the planetary

nazioni, come continenti.

Se la situazione del Corona virus ci ha messo di fronte a un'ondata prolungata di separazione e isolamento molto difficile, nel lavoro di Cagol c'è invece la speranza che si possa presentare anche uno spiraglio di opportunità. Dopo due mesi di crisi pandemica, nel maggio 2020, con il mondo alle prese con il COVID-19, nella laguna di Venezia sono apparsi di nuovo i delfini: li abbiamo notati vicino a Ocean Space, il centro planetario di TBA21-Academy a Venezia. Quando la giostra dei viaggi in tutto il mondo si è fermata, aerei e navi da crociera si sono arrestate, l'effetto è stato immediato. L'aria e l'acqua si sono ripulite e rigenerate, anche se in parte e non necessariamente invertendo le cattive condizioni indotte dall'inquinamento, dall'estrazione e dalla colonizzazione dell'habitat naturale da parte dell'uomo, eppure arrestare lo sviluppo è stato un forte segnale di ciò

centre of TBA21-Academy in Venice. When the merry-go-round of worldwide travelling stopped, and planes and cruise ships were ground to a halt, the effect was immediate. Air and water cleared and restored themselves, partly and not necessarily reversing the poor conditions induced by pollution, extraction and colonisation of nature's habitat by humans – but the arrested development was a strong signal for what actually might be possible. In this scenario, Cagol's "we" is not only a reminder of what once was but also a signal for what could be.

This year, 2021, is the beginning of the United Nations Decade of Ocean Science for Sustainable Development, and one of the big targets for this initiative will be to increase ocean literacy, the ability to understand what is happening in the oceans. It has to become inclusive and make everyone care for the large salt-water body, looking

che effettivamente potrebbe avvenire. In questo scenario, il "noi" di Cagol non è solo un ricordo di ciò che è stato, ma anche un segnale di ciò che potrebbe essere.

Quest'anno, il 2021, è l'inizio del Decennio delle Nazioni Unite delle scienze oceaniche per lo sviluppo sostenibile, e uno dei grandi obiettivi di questa iniziativa è migliorare l'alfabetizzazione oceanica, ossia le condizioni per capire cosa sta succedendo negli oceani. Deve diventare inclusiva e far sì che tutti si preoccupino del grande corpo acquatico, cercando i modi per renderlo accessibile come spazio di pensiero e per dischiudere il linguaggio della scienza e degli altri ambiti di conoscenza riferiti agli oceani. Questa capacità di unire il pensiero radicale con il concetto del prendersi cura con sensibilità è al centro del lavoro di Cagol. Egli provoca gli osservatori e non permette loro di sottrarsi alla gravità della posta in gioco.

for ways to make it accessible as a thinking space, and open up the language of science and other knowledge systems related to the oceans. This capacity of bringing radical thinking together with a notion of tender care is in the focus of Cagol's work. He provokes the observers and does not allow them to shy away by the sheer gravity of what is at stake. Cagol opens up the language of defeat and introduces the possibility for change. His art proposes a narrative, instead of a list of bleak facts and statistics that do not reach hearts and brains. His physical and still ephemeral performative presences have objects vanishing and leaving but a trace. It is along this trace that we are walking together.

• Testo tratto dalla roundtable online organizzata dall'Istituto Italiano di Cultura di Tel Aviv (09.12.2020).
Text based on the online roundtable organized by the Italian Cultural Institute Tel Aviv (09.12.2020).

Cagol apre il linguaggio della sconfitta e introduce la possibilità del cambiamento. La sua arte propone una narrazione, invece di una lista di accadimenti desolanti e statistiche che non raggiungono i cuori e i cervelli. Le sue presenze performative, fisiche e al tempo stesso effimere, mostrano soggetti che svaniscono e lasciano solo una traccia. Lungo questa traccia camminiamo insieme.

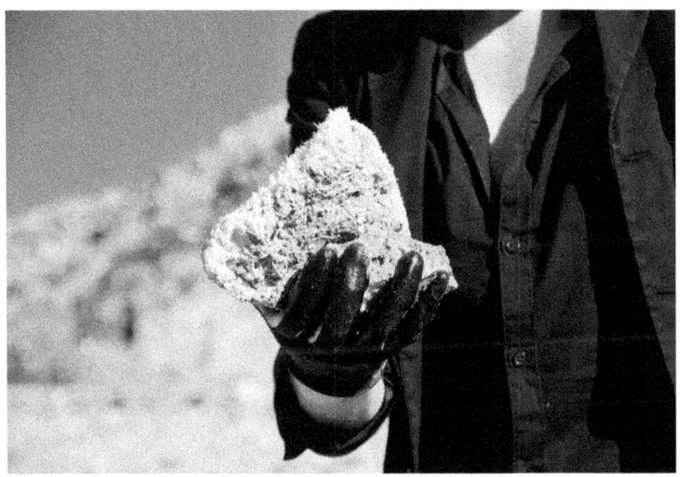

"Mist (the time of the flood)", 2020, performance, cristalli aciculari di zolfo nativo. *Performance, acicular crystals of native suplhur.* Photo; HD video. (Monterotondo Marittimo, 23.07.2020)

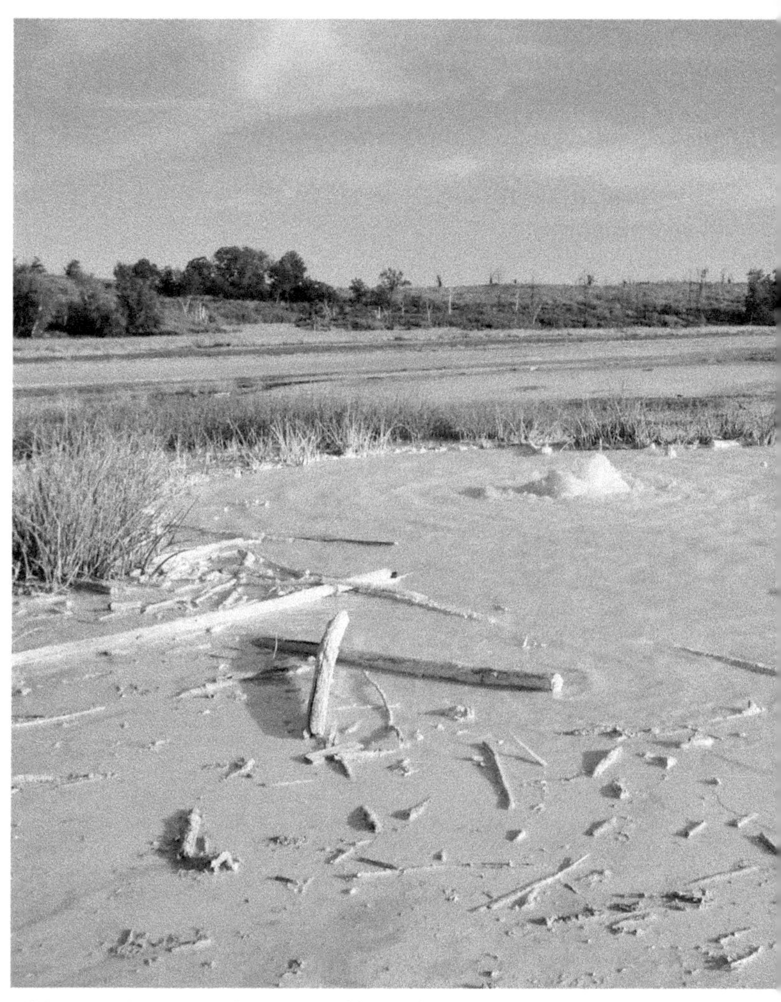

"Abiogenesis", 2020, performance, caldera vulcanica, sasso verde delle Alpi. *Performance, volcanic caldera, green stone from the Alps.* Photo; HD video, 03:25 min. (Manziana, 13.07.2020)

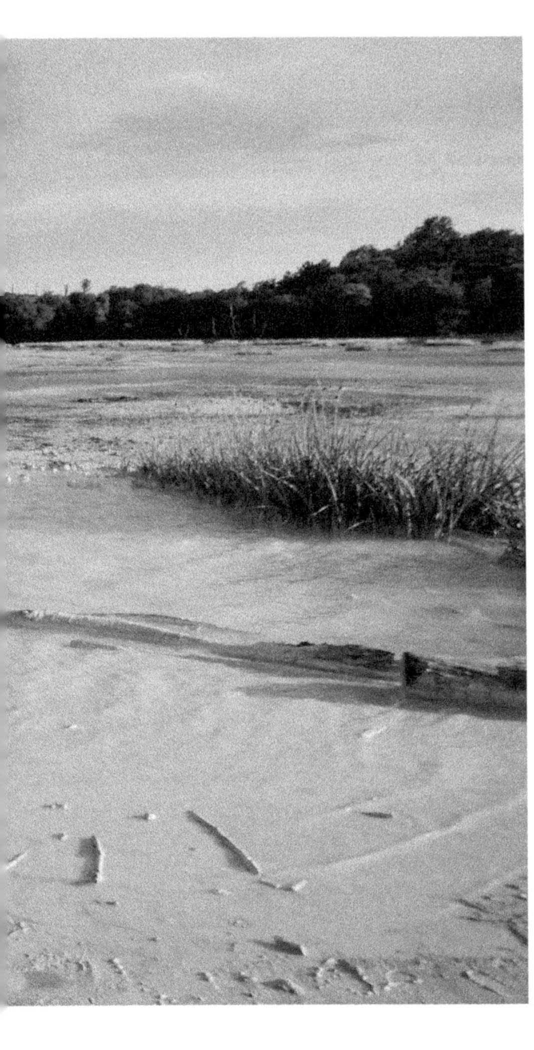

News dal diluvio

News from the flood

Alessandro Castiglioni

News dal diluvio

News from the flood

Alessandro Castiglioni

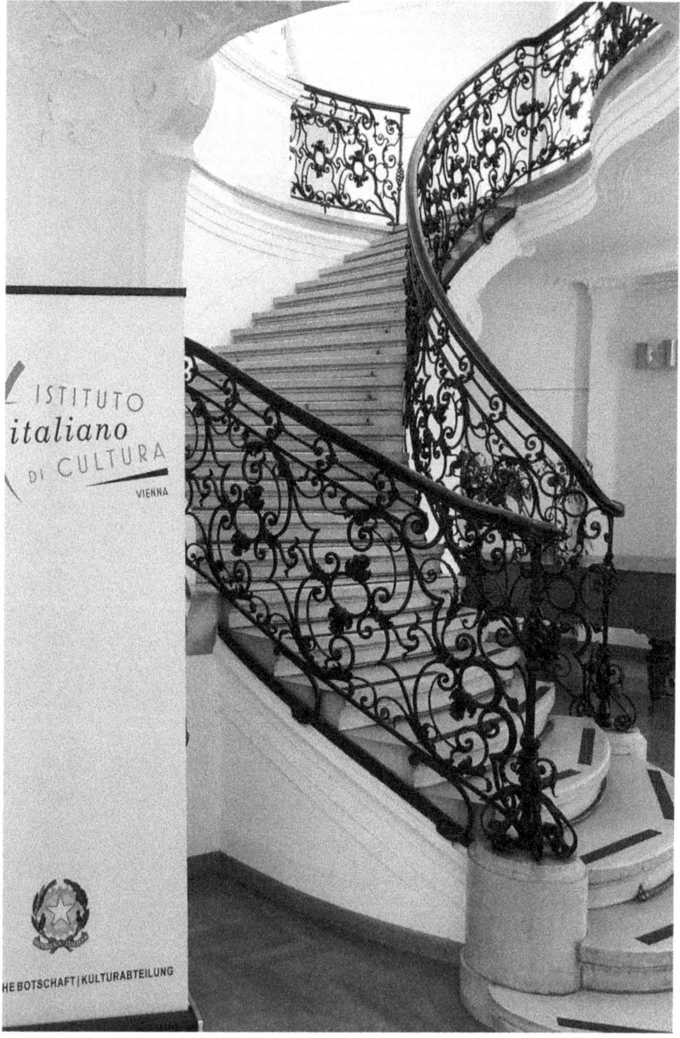
ISTITUTO
italiano
DI CULTURA
VIENNA
HE BOTSCHAFT | KULTURABTEILUNG

News dal diluvio

Alessandro Castiglioni

Una performance lecture in cinque atti.

Atto I – L'iperoggetto

Questa mostra è un esperimento: il risultato di una ricerca a lungo termine dedicata al cambiamento climatico. Ci sono due possibili livelli d'interpretazione di questo progetto. Un primo livello riguarda il contenuto di ogni video di cui parleremo tra poco; c'è poi un ulteriore livello, più generale, che si focalizza sul ruolo dell'artista nella nostra società: un artista attivista e ricercatore che suggerisce, attraverso il proprio lavoro, domande e questioni relative alle trasformazioni del nostro tempo.
Questo progetto dà continuità a una mostra che nel 2019 Stefano Cagol ha tenuto al

News from the flood

Alessandro Castiglioni

A performance lecture in five acts.

Act I – The hyperobject

This exhibition is an experiment: the result of long-term research dedicated to climate change. There are two possible levels of interpretation of this project. The first level concerns the content of each video, which we will discuss later; then, there is a further, more general level, which focuses on the role of the artist in our society: an activist and researcher artist who suggests, through his work, questions and issues related to the transformations of our time.
*This project is built upon an exhibition that Stefano Cagol held at the MA*GA Museum in Gallarate in 2019 in which the artist, for the first time,*

Museo MA*GA di Gallarate, in cui l'artista, per la prima volta, ha raccolto la ricerca di dieci anni di attivismo ecologista. Il punto di partenza teorico per questa mostra è stato il libro "Hyperobjects" [Iperoggetti] di Timothy Morton.
Ma cos'è un iperoggetto?
In forme spesso inaspettate, le opere in mostra a Vienna rispondono a questa domanda e ne ampliano le prospettive.

Atto II – L'avamposto

"Just before (the time of the flood)" [Appena prima, il tempo del diluvio] è il primo lavoro in mostra, costruito attorno a un'unica questione: una paura, invisibile e astratta. L'artista, da solo, ci avverte, usando una sirena d'emergenza, un suono che potrebbe annunciare una guerra, un pericolo diffuso in città, un disastro naturale.

collected the research of ten years of ecological activism. The theoretical starting point for that exhibition was the Timothy Morton book "Hyperobjects."
But what is a hyperobject?
In often unexpected forms, the works exhibited in Vienna answer this question and expand the perspectives.

Act II – The outpost

"Just before (the time of the flood)" is the first artwork in the exhibition, built around a single issue: a fear, invisible and abstract. The artist, alone, warns us, using an emergency siren, a sound that could announce a war, a widespread danger in the city, a natural disaster.
Versus the idea of the avant-garde, Stefano Cagol develops a different outpost position: from an advanced point,

"Just before (the time of the flood)", 2020, performance, sirena a mano, luci d'emergenza. *Performance, manual siren, emergency lights.* Photo; HD video, 10:45 min. (Fernsehturm, Europacity, Reichstag, Berlin, 18.01.2020)

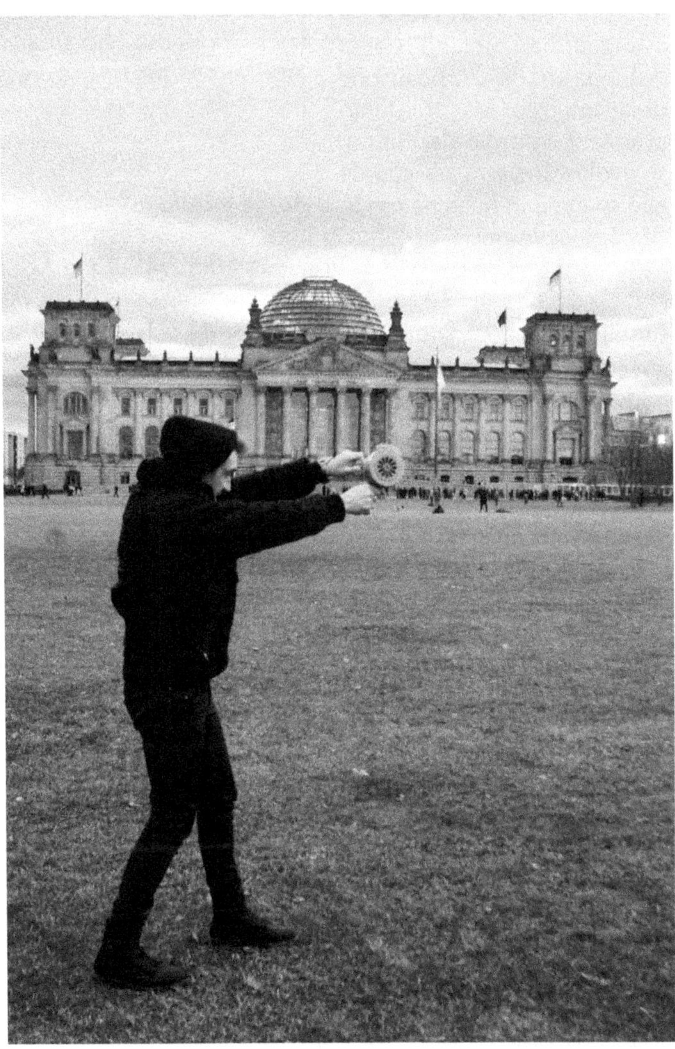

In contrasto con l'idea di avanguardia, Stefano Cagol sviluppa una diversa posizione di avamposto: da un punto avanzato, conscio del futuro, si rivolge indietro, si guarda alle spalle e in qualche modo cerca di avvisarci.

Atto III – Passato e futuro

In "The End of the Flood" [La Fine del Diluvio] la questione cruciale è la sopravvivenza. In una sovrapposizione tra passato e futuro troviamo i resti di un passato preistorico che si mescolano col presente. Vi è, infatti, un paradosso temporale insito nell'opera. Possiamo vedere un frammento paleontologico, un pezzo di pietra che contiene un fossile di trilobite, una delle creature più antiche del mondo, ma allo stesso tempo, su un lato, si nota una

aware of the future, he turns back, looks over his shoulder and somehow tries to warn us.

Act III – Past and future

In "The End of the Flood" the crucial issue is survival. In an overlap between past and future, we find the remains of a prehistoric past mingling with the present. There is, in fact, a temporal paradox in the work. We can see a paleontological fragment, a piece of stone containing a fossil of a trilobite, one of the oldest creatures in the world, but at the same time, on one side, we can see a small fraction of a printed paper, maybe a newspaper, an advertisement, a sticker. It seems that our time is the past of a future in which human beings will not have survived. Regarding this installation,

"The End of the Flood", 2020, installazione, trilobite fossile, 4 x 7 mm, 500 milioni di anni, ritaglio dalla Genesi miniaturizzata, 5 mm, microscopio digitale. *Installation, trilobite fossil, 4 x 7 mm, 500 million years old, miniaturized Genesis fragment, 5 mm, digital microscope*

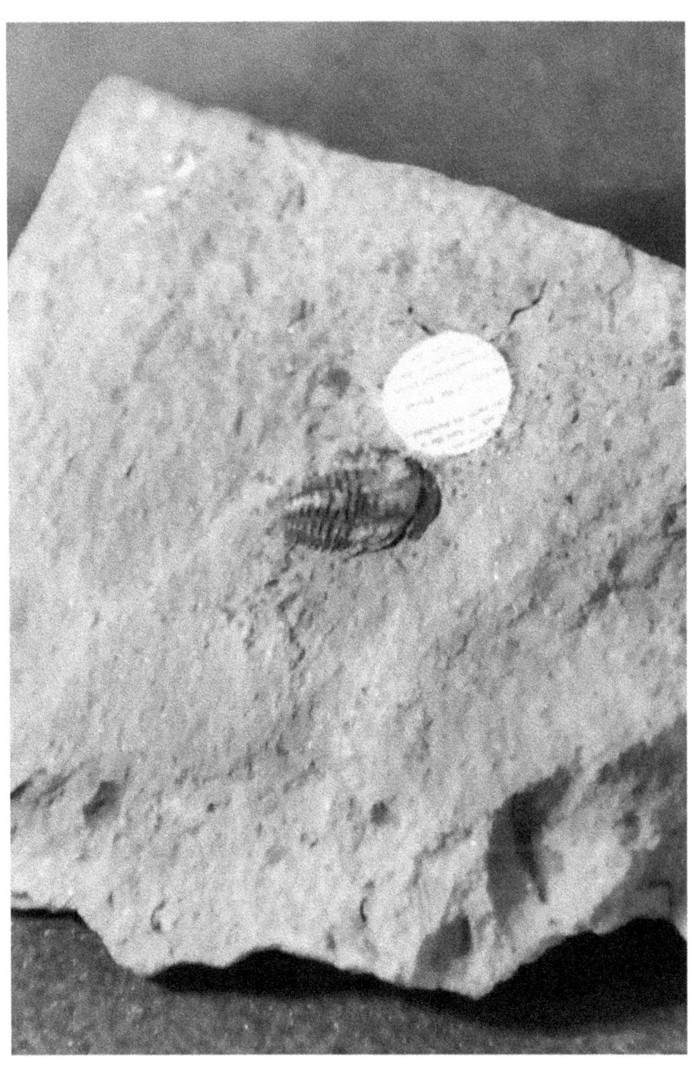

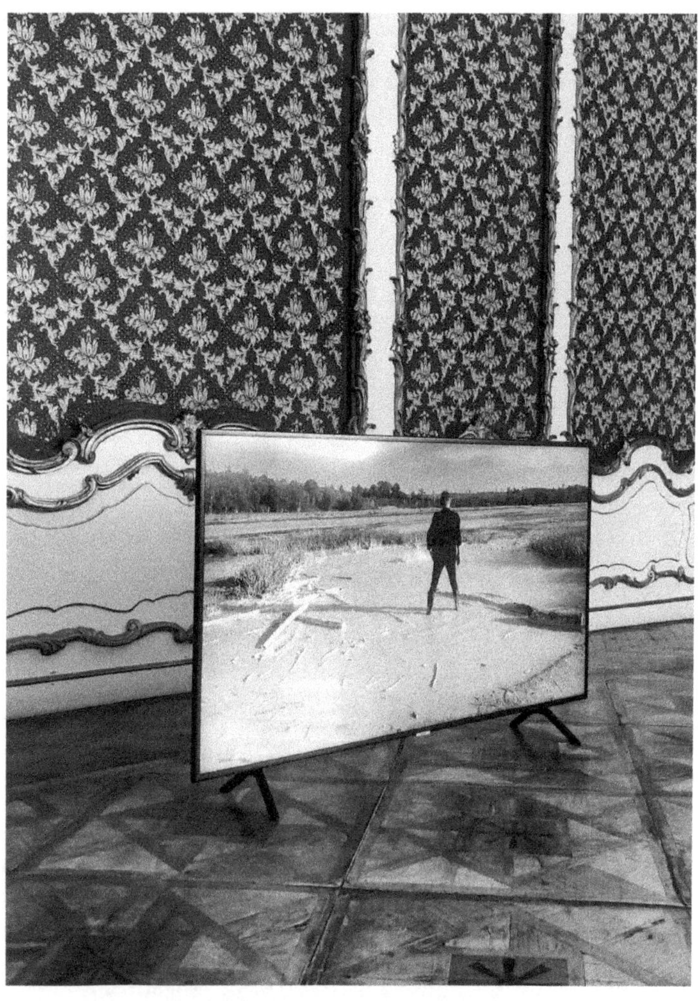

"Abiogenesis", 2020, veduta della mostra. *Exhibition view.* (Istituto Italiano di Cultura, Vienna, 16-25.09.2020)

piccola frazione di una carta stampata, forse un giornale, una pubblicità, un adesivo. Sembra che il nostro tempo sia il passato di un futuro in cui gli esseri umani non saranno sopravvissuti.

In merito a questa installazione, l'artista sottolinea: "In questo progetto, il diluvio non è solo acqua, ma diviene una metafora di qualcosa che può scuotere e sovvertire la società come la conosciamo. Questo lavoro è iniziato prima dell'emergenza pandemica, ma si adatta perfettamente alla crisi causata dal Corona Virus. L'opera parla proprio di questo: improvvisamente un evento può cambiare completamente la realtà. In questo lavoro ho giocato affiancando un fossile a una micro-riproduzione di una pagina della Genesi. Faccio riferimento così a religione e mito. Il mito del diluvio è presente in ogni cultura del mondo, è molto antico, molto più della nostra idea di religione, è una sorta di predizione della fine che è

the artist points out: "In this project, the flood is not just water, but becomes a metaphor for something that can shake and subvert society as we know it. This work started before the health emergency, but it perfectly fits with the crisis caused by the Corona Virus. The work is about this: suddenly, an event can completely change reality. In this work, I played placing side by side a fossil and a micro-reproduction of a page from Genesis. In this way, I am talking about religion and myth. The myth of the flood is present in every culture in the world, is very ancient, much older than our idea of religion, is a sort of prediction of the end that is inborn in humankind since its origins."

Act IV – The invisible

There is a common theme linking "Antagonismus" and "Abiogenesis:" it is the relationship between

già incarnata nell'umanità fin dalle sue origini".

Atto IV – L'invisibile

C'è un tema comune che lega "Antagonismus" e "Abiogenesis": è la relazione tra visibilità e invisibilità. Come per gli iperoggetti, contraddistinti da una natura fasica, questi video sono caratterizzati da apparizioni e scomparse. In "Antagonismus", fiamme provano a bruciare l'acqua, come un fuoco fatuo. Nell'altro video, intitolato "Abiogenesis", avvertiamo un movimento subacqueo, invisibile e sotterraneo.
Anche la presenza dell'artista e le sue azioni appaiono e scompaiano: Cagol stesso lancia una serie di segnali, a volte cercando di manipolare la natura e fallendo, a volte compiendo azioni non immediatamente decifrabili. L'artista diviene una sorta di fantasma, forse un iperoggetto lui stesso.

visibility and invisibility. As hyperobjects, based on different phases, these videos are characterised by appearances and disappearances. In "Antagonismus," flames try to burn water, like a fatuous fire. In the other video, titled "Abiogenesis," we sense an underwater, invisible and underneath movement.
The artist – his presence, his actions – appears and disappears too: Cagol launches a series of signals, sometimes trying to manipulate nature and failing, sometimes performing actions that are not immediately decipherable. The artist looks like a sort of ghost, maybe a hyperobject himself.

Act V – Signals

"Signal to the Future" sends out a distress call. The video is astonishing: in an empty city, Brixen [Bressanone], during the first hard Italian lockdown, in front of the cathedral, the

Atto V – Segnali

"Signal to the Future" lancia un segnale di aiuto. Il video è sorprendente: in una città completamente vuota, Brixen [Bressanone], durante il primo durissimo lockdown italiano, davanti alla cattedrale, l'artista è fermo in piedi, da solo, con una fiaccola rossa tra le mani.

artist stands alone hanging a red flare in his hand. Once again, no one responds.
It is another element that Timothy Morton underlines in his book "Hyperobjects:" the sensation of loneliness that each individual feels when faced with objects. A sentiment of defeat and impotence pervades us and generates a sense of

"Antagonismus", 2020, veduta della mostra. *Exhibition view.* (Istituto Italiano di Cultura, Vienna, 16-25.09.2020)

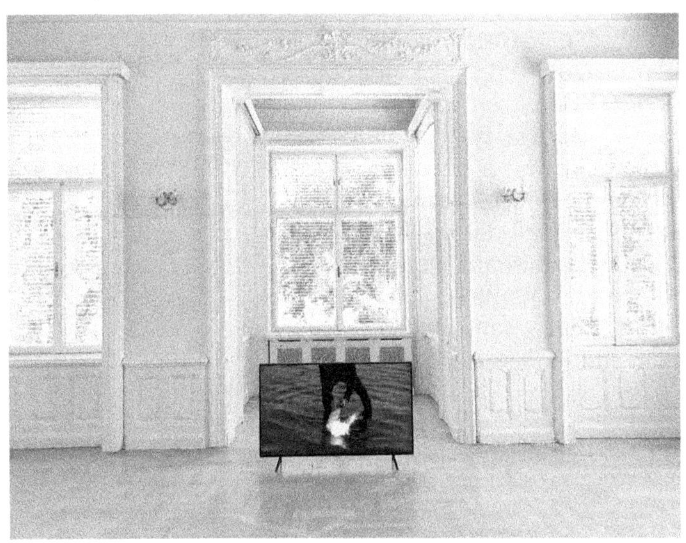

Ancora una volta, nessuno risponde.
Questo è un altro elemento che Timothy Morton sottolinea nel libro "Hyperobjects": la sensazione di solitudine che ciascun individuo prova di fronte agli iperoggetti. Un sentimento di sconfitta e impotenza ci pervade e genera un senso di distacco, di fatalismo.
L'opera è, dunque, una sorta di reazione a molteplici questioni sia teoriche che estremamente pratiche e fisiche. La stessa immagine, semplice e icastica, assume pieno significato nella sua circuitazione, un segnale che si riverbera tramite altri segnali, come è avvenuto per questo video, rilanciato da RAI, canali televisivi in Cina, India, Australia e quindi Euronews, Reuters, ZDF, CNBC negli Stati Uniti, e molti altri in tutto il mondo.

detachment, of fatalism.
The work is a sort of reaction to multiple issues, both theoretical, but even practical and physical. The diffusion fulfils this – straightforward and sharp – image, becoming a warning echoed by other signals, because the Italian RAI, television channels in China, India, Australia and then Euronews, Reuters, ZDF, the American CNBC, and many others all around the world broadcast it.

• Testo tratto dalla presentazione all'Istituto Italiano di Cultura di Vienna (16.09.2020). *Text based on the presentation at the Italian Cultural Institute Vienna (*16.09.2020*).*

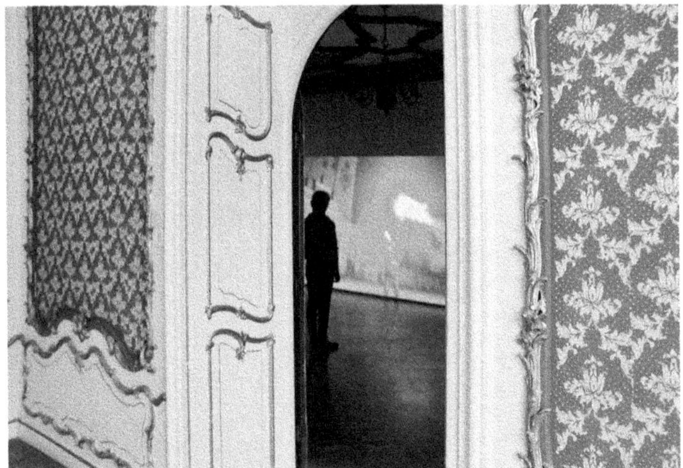

"Signal to the Future", 2020, veduta della mostra. *Exhibition view.* (Istituto Italiano di Cultura, Vienna, 16-25.09.2020)

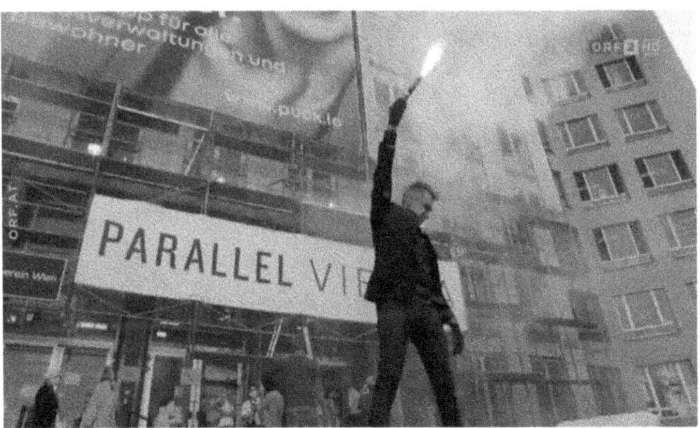

"DIE ZEIT DER FLUT", 2020, performance, sirena a mano, mazzo di fiori, bomboletta di lacca per capelli, accendino, segnale di soccorso. *Performance, manual siren, flower bouquet, aerosol hairspray, lighter, flare* (Parallel Vienna, Opening, 22.09.2020. ORF TV, 28.09.2020)

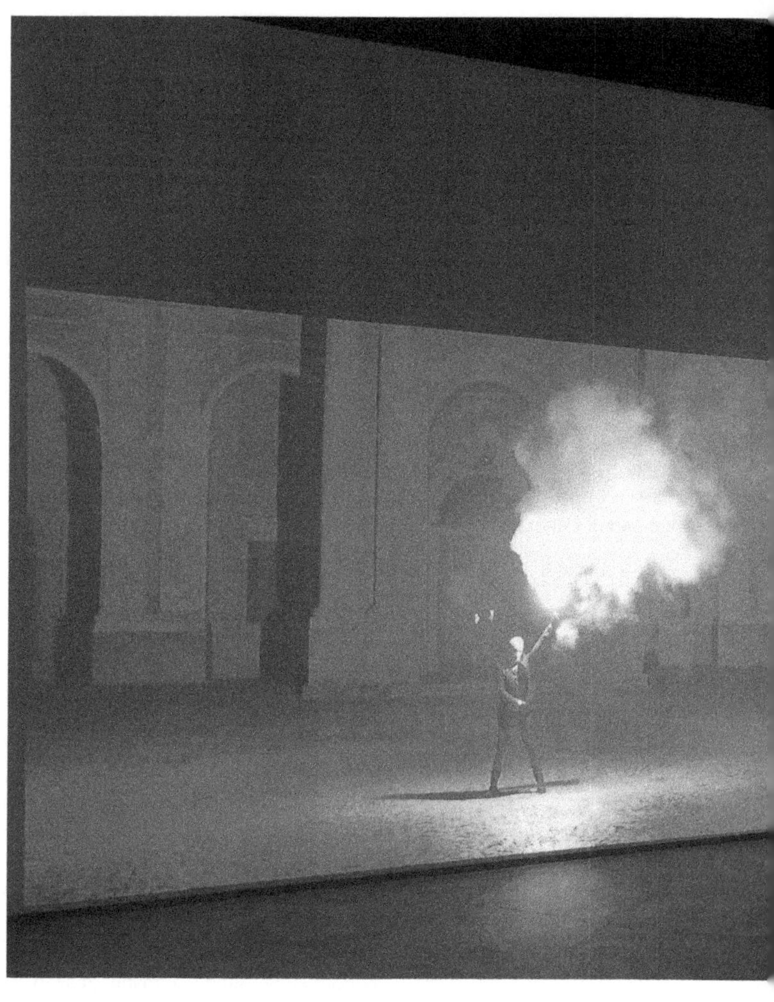

"Signal to the Future", 2020, veduta della mostra. *Exhibition view.* (Istituto Italiano di Cultura, Vienna, 16-25.09.2020)

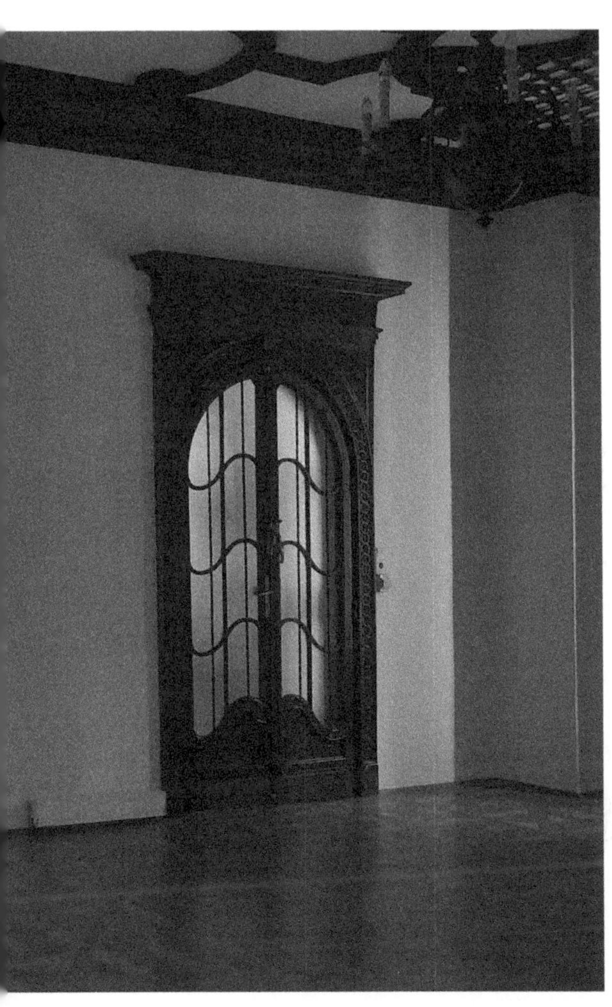

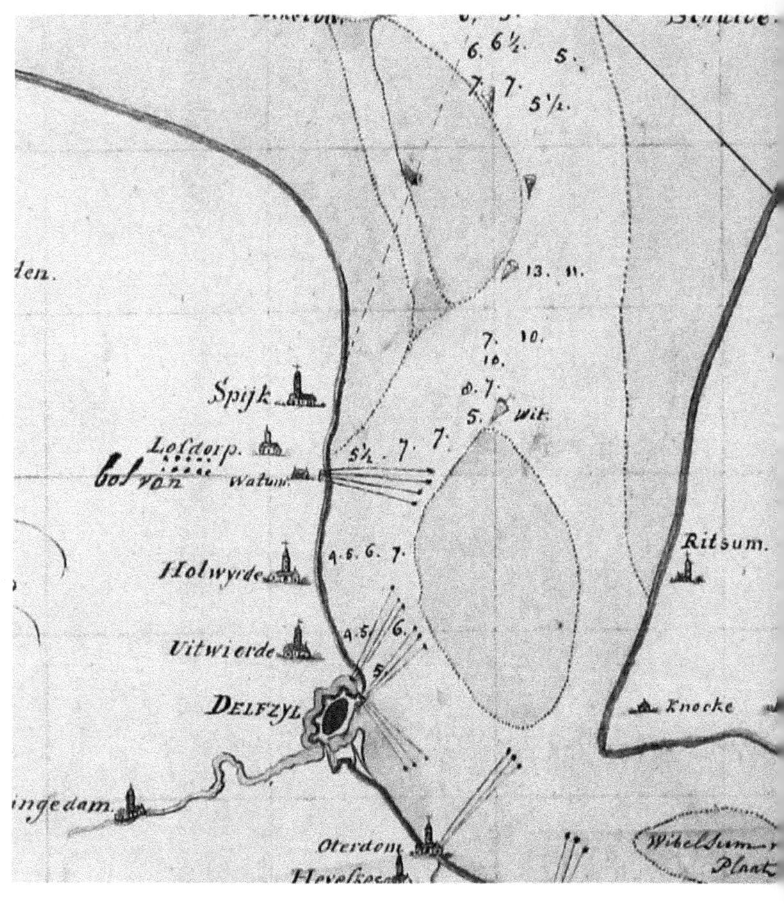

Wattenmeer, 1780 ca, mappa manoscritta, Mare dei Wadden, estuario del fiume Ems, dettaglio. *Manuscript chart, Wadden Sea, Ems estuary, detail*

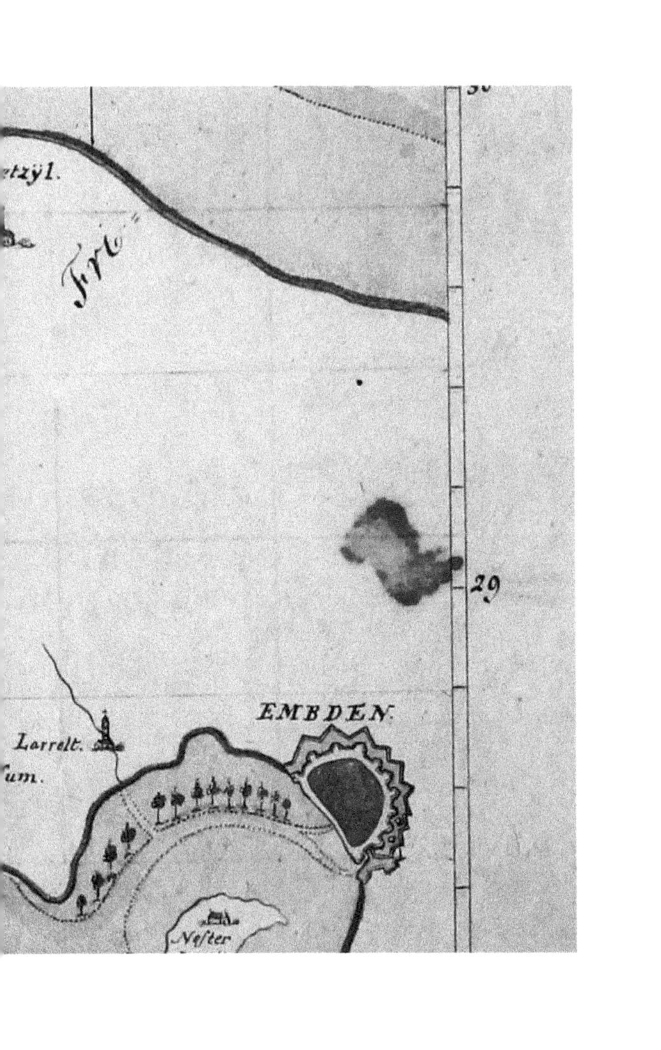
etzyl.
29
EMBDEN.
Larrelt.
Nester

Dietro il video, la performance

Beyond video, performance

Elisa Carollo, Stefano Cagol

Dietro il video, la performance

Beyond video, performance

Elisa Carollo, Stefano Cagol

Dietro il video, la performance

Elisa Carollo e Stefano Cagol in conversazione

Elisa Carollo: Partiamo dal progetto "The Time of the Flood" che ha presentato recentemente al CCA – Center for Contemporary Art Tel Aviv. Di cosa tratta questo progetto e come è stato concepito e realizzato?

> **Stefano Cagol:** Al CCA Tel Aviv, il pubblico trova una video installazione in due canali con sei episodi quale distillato di un progetto che ho iniziato nel novembre 2019 – grazie al sostegno dell'Italian Council – e sviluppato nell'arco di un anno tra Germania, Austria, Italia, e luoghi come il Wattenmeer, nel Mare del Nord al confine tra Olanda e Germania, attraverso una serie di azioni performative, la realizzazione di video in situ e, quindi, successive presentazioni. Un progetto, che parla del diluvio come summa di tutti gli sconvolgimenti, riflette sul nostro rapporto con la natura, sul pericolo imminente e sulla percezione che ne abbiamo, ed è così diventato anche profetico di quanto avvenuto, nel mentre, con l'arrivo della pandemia.

EC: Infatti, il video si apre con uno scenario post apocalittico che mi ha davvero colpita. Si tratta in realtà di un paesaggio reale, dove sta vagando, evocando in qualche modo il famoso quadro "Viandante sul mare di nebbia" di Caspar David Friedrich. Poi la sua presenza umana scompare, lasciando davanti ai nostri occhi solamente questa terra desolata e lo scorrere naturale del tempo, come in un presagio profetico di un futuro possibile per l'umanità, se continueremo su questa strada.

Beyond video, performance

Elisa Carollo and Stefano Cagol in conversation

Elisa Carollo: *Let's start with the project "The Time of the Flood" you recently presented at CCA – Center for Contemporary Art Tel Aviv. What is this project about and how has it been conceived and realised?*

> **Stefano Cagol:** *At CCA Tel Aviv, the public finds a two channel video installation featuring six episodes, that is a distillation of a project started in November 2019 – thanks to the support of the Italian Council – and developed for a year between Germany, Austria, Italy and other locations, like the Wattenmeer at the North Sea, on the border between the Netherlands and Germany, through a series of performances, on-site video works, and following presentations. The project talks about the flood as the sum of all the upheavals reflecting on our relationship with nature, imminent danger and our perception of it. So it became prophetic of the state of affairs that occurred in the meantime.*

EC: *In fact, the video opens with a post-apocalyptic scenario, which really struck me. It is actually a real landscape, where you're wandering, somehow evoking the famous painting "Wanderer above the Sea of Fog" by Caspar David Friedrich.*
Then your human presence disappears, leaving just this desolate land and the natural time flow, as in a prophetic omen of a possible future for humanity if we continue on this path.
It is a very strong vision, followed by an alarming phrase,

È una visione molto forte, seguita da una frase allarmante, "Signal to the Future", che è anche il titolo di un altro capitolo, nel quale attiva un dispositivo di SOS nel mezzo di una piazza vuota a Bressanone, in Italia. Un messaggio simile è poi lanciato nel capitolo successivo, quando viene azionata una sirena assordante di fronte al Reichstag tedesco, che dovrebbe allarmare i cittadini, ma dimostra di non produrre effetto.
Questi sono solo alcuni dei sei capitoli che compongono l'opera e la vedono in contatto con gli elementi naturali, mettendo in luce sia gli aspetti minacciosi sia quelli simbiotici del rapporto, in evoluzione, che l'uomo ha con essi.

SC: Mi fa piacere che abbia usato il termine simbiosi: ci ricorda che non possiamo vivere senza la natura. Abbiamo appena dimostrato di poter vivere "attraverso" i media digitali, tuttavia non siamo in grado di andare avanti senza l'ambiente, le sue risorse, le fonti di energia. Eppure, siamo ciechi, non capiamo e agiamo contro la natura, e, così facendo, contro noi stessi. Il titolo di una delle opere che presento a Tel Aviv è "Antagonismus", la parola tedesca per antagonismo, che si riferisce al comportamento di opposizione tra soggetti diversi all'interno dello stesso habitat. La biologia ci insegna che l'antagonismo riguarda un tipo di relazione interspecifica in cui una o entrambe le specie in relazione agiscono in opposizione e subiscono danni: questo accade nei casi di parassitismo, predazione e competizione. Noi stiamo esercitando tutti e tre questi atteggiamenti nei confronti della natura.
Lei cita Friedrich, non è la prima volta, e sono d'accordo con questo paragone, ma lei parla di uno scenario post apocalittico: potrebbe, invece, essere uno scenario pre-apocalittico. La performance davanti al Reichstag a Berlino in cui aziono un forte segnale acustico di allarme con una

"Signal to the Future," which is also the title of another chapter, where you activate an SOS device in the middle of an empty square in Bressanone, Italy. A similar message is then offered in the following chapter when you start a deafening siren in front of the German Reichstag – which is supposed to alarm citizens but produces no effect.
Those are just some of the six chapters which compose the work and see you into contact with natural elements, enlightening both the threatening and symbiotic aspects of a changing human relationship with them.

> ***SC:*** *I like that you used the term symbiosis: it recalls us that we cannot live without nature. We just tested that we can live "through" digital media, but we are not able to go forward without the environment, its resources, and the energy sources. Anyhow, we are blind, we don't understand, we operate against nature, and so against ourselves. The title of one of the works I present in Tel Aviv is "Antagonismus," the German word for the antagonism, referring to the behaviour of opposition between different subjects in the same habitat. Biology teaches us that that antagonism concerns a type of interspecies relationship in which one or both species in relation act in opposition and suffer damage: this happens in cases of parasitism, predation and competition. We are applying all the three attitudes despite nature.*
> *You mention Friedrich, it is not the first time, and I agree with this paragon, but you talk about a post-apocalyptic scenario: it could even be a pre-apocalyptic scenario. Indeed, the performance I did in front of the Reichstag in Berlin making a loud signal with a red siren in my hand during a regular day –presented in a video in Tel Aviv – titles "Just before." As you understand, my vision is disillusioned, quite catastrophic. Recently I did an artwork in Berlin, a*

sirena rossa tra le mie mani durante un giorno normale – presentata in un video ora a Tel Aviv – s'intitola "Just before" [Appena prima]. Come potete intuire, la mia visione è disillusa, piuttosto catastrofica. Recentemente ho fatto un lavoro a Berlino, una spilla con la parola "estinzione". Non sono sicuro se saremo in grado di sopravvivere a noi stessi. Comunque, la natura potrà esistere, anche meglio, senza di noi: la natura è fragile, ma anche molto forte e capace di rigenerarsi.

EC: In tutti questi atti performativi sta cercando di riconnettersi con la natura, cercando di capirla a fondo (come in "Fathom") o di trovare una nuova relazione con essa andando all'origine di tutto (come in "Abiogenesis"). In questo senso, queste performance possono essere intese come una sorta di rituale d'iniziazione? Inoltre, come pensa che la performance possa essere uno strumento di attivismo, o un modo per rieducare i comportamenti sociali e suggerire un cambiamento nel rapporto disequilibrato tra natura e uomo?

SC: Sì, se l'iniziazione implica messaggi che vanno oltre il tempo e lo spazio, universali, e includono un'idea di cambiamento di status. Io guardo il presente cercando di prevedere il futuro, dando all'osservatore un messaggio per innescare un cambiamento. Mi piace la definizione che Jeni Fulton ha usato per descrivere il mio atteggiamento: parla di "estetica attivista". Non credo nell'arte che è solo attivismo o nell'arte che è solo scienza. L'artista ha il compito di tradurre la complessità attraverso un linguaggio che è simbolico e capace di raggiungere chiunque.
Ho intitolato la mia mostra personale al museo MA*GA di Gallarate due anni fa "Hyperobject" citando il termine usato dal filosofo anglo-americano Timothy Morton. Gli

badge with the word "extinction." I am not sure if we will be able to survive to ourselves. Anyhow, nature will be able to live, even better, without us: nature is fragile but, at the same time, very strong and able to regenerate.

EC: *In all these performative acts you are trying to reconnect with nature, trying to understand it thoroughly (in "Fathom") or find a new relationship with it by reaching the origin of everything (in "Abiogenesis"). In this sense, can these performances be intended as a sort of rituals of initiation? Also, how do you think performance can be a tool of activism or a way to re-educate social behaviours and suggest a change in the unbalanced relationship between nature and mankind?*

SC: *Yes, if the initiation implies messages that go beyond time and space, that are universal, and include an idea of a change of status. Look at the present and try to preview the future, aiming at giving a message to the observer to trigger a shift. I like the definition that Jeni Fulton used to describe my attitude: she talks about "activist aesthetics." I don't believe in art that is just activism or art that is just science. Artist has the role to translate complexity through a language that is symbolic and can reach everybody.*
*I titled my solo show at MA*GA museum in Gallarate two years ago "Hyperobject" quoting the term used by the Anglo-American philosopher Timothy Morton. Hyperobjects are global issues that are so diffused, shared, complex, multiform and changeable that it is difficult to grasp them: the climate crisis is a hyperobject, this pandemic is a hyperobject. I*

Pagina seguente. *Next page*: "The Ice Monolith", 2013, blocco di ghiaccio glaciale lasciato fondere, 72 ore, 200 x 120 x 50 cm. *Glacial ice block melting, 72 hours, 200 x 120 x 50 cm.* (Riva Ca' di Dio, Maldives National Pavilion, 55ª Biennale di Venezia, 28-30.05.2013)

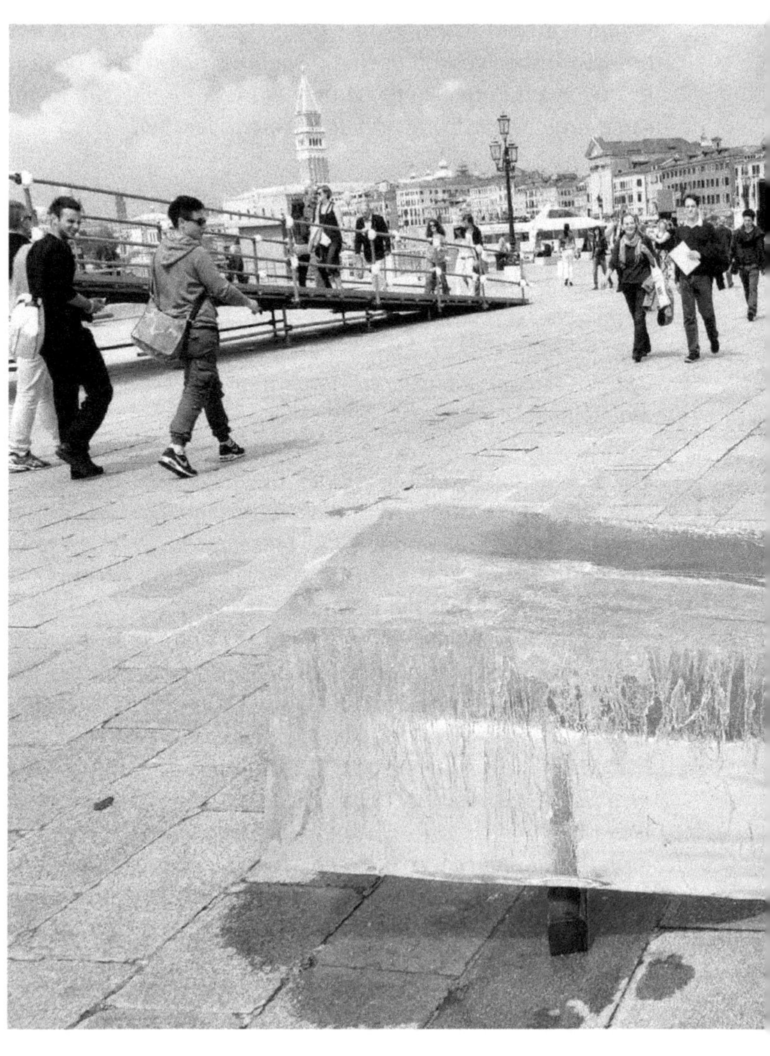

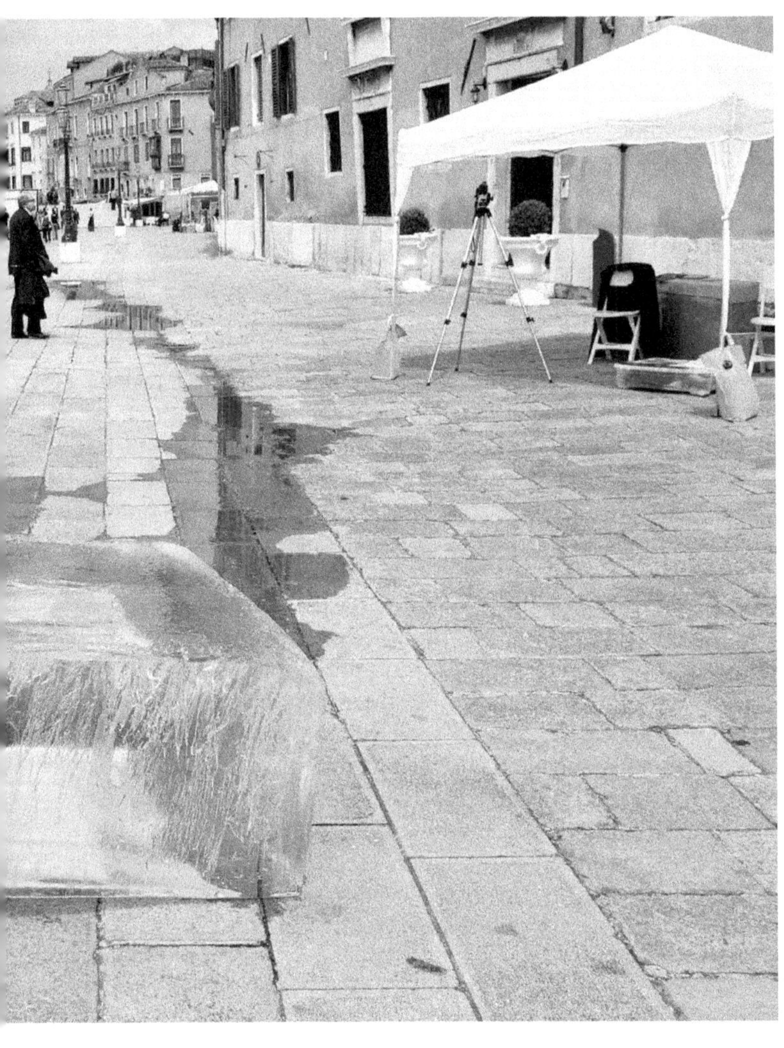

iperoggetti sono questioni globali così diffuse, condivise, complesse, multiformi e mutevoli da essere difficili da cogliere: la crisi climatica è un iperoggetto, questa pandemia è un iperoggetto. Credo che l'arte, almeno quella buona, debba essere in grado di parlare di questi argomenti in modo universale e diretto. In questo senso, l'arte è trascendente, al di là dello spazio e del tempo.

EC: La sua pratica multiforme la porta fisicamente in scena, ma le sue performance sono già concepite per essere registrate e presentate in installazioni video.
Roselee Goldberg – considerata da molti "la madre della performance art" in quanto riconosciuta critica d'arte, fondatrice e curatrice capo di Performa – in una recente intervista ha osservato che, con la pandemia e le restrizioni sugli eventi fisici, le arti performative sono state costrette ad andare online ed essere fruite da remoto, ma pensa che in questo modo ci sia ora la possibilità di esplorare nuovi possibili territori creativi online. Ha detto di essere interessata a vedere nei prossimi due anni cosa comporterà questo per l'arte performativa, in termini di nuove opportunità che possono aprirsi ora che la gente si sta abituando a questo mezzo e alle esperienze mediate. In effetti, lei prevede un ritorno della video arte tale da renderla ancora più forte che negli anni Settanta, in seguito a una nuova visione di questo mezzo come piattaforma di lavoro, quale sta emergendo da questo periodo critico, in cui quasi tutte le interazioni quotidiane avvengono forzatamente attraverso il video. Qual è la sua opinione su questi punti? Quale la sua opinione sul futuro di questi mezzi e forme d'arte?

SC: A volte le mie performance sono molto pubbliche, a volte totalmente solitarie – una solitudine che, però, non è mai chiusura, non è isolamento, come Mareike Dittmer ha

guess that art – at least good art – has to be able to talk about those topics universally and directly. In this sense, art is transcendent, beyond space and time.

EC: *Your multi-layered practice takes you physically on the stage, but your performances are conceived from the beginning to be recorded and presented in video installations.*
Roselee Goldberg – considered "the mother of performance art" as a renowned art critic founder and Chief curator of Performa – in a recent interview observed that with the pandemic and restrictions on physical events performative arts were forced to go online and be broadcasted but thinks that, in this way, there is now a chance to explore new possible creative territories online. In the next couple of years – she said – she is interested in looking at what this will bring to performative art, in terms of new opportunities that may open up, now that people are getting more used to this medium and to mediated experiences. She predicts a return to video art that may be even stronger than in the 70s, following new thinking about this medium as a platform of working, which is emerging from this critical period when almost all interactions are forcedly done daily through video. What is your personal opinion on these points she raised? What is your view on the future of these media and forms of art?

SC: *Sometimes my performances are very public, sometimes totally solitary – a solitude that is never closure, never isolation, as Mareike Dittmer underlined during the roundtable that opened my exhibition in Tel Aviv. Often they are serial and nomadic, diffused through time and space. Like "The End of the Border (of the mind)," that amplified this idea of diffusion using a much visible mean such as a powerful ray of light, visible from dozens of*

rilevato nella tavola rotonda di apertura della mia mostra a Tel Aviv. Spesso sono seriali e nomadiche, diffuse nel tempo e nello spazio. Come in "The End of the Border (of the mind)", che amplificava questa idea di diffusione usando un mezzo molto visibile qual è un potente raggio di luce, percepibile da decine di chilometri di distanza. O come in "Bird Flu Vogelgrippe", il mio primo progetto nomade, che diffondeva suoni di volatili tra la gente per strada: si parlava già di pandemia, era il 2006, e punto di arrivo era l'opening della Biennale di Berlino. Era cruciale divulgare il messaggio, non importava, invece, che i passanti si rendessero conto di essere di fronte a un'opera d'arte e chi fosse l'autore.
Dall'altro lato, ci sono performance come "Evoke Provoke", che ho realizzato da solo in un paesaggio artico desolato, o le ultime performance di "The Time of the Flood", che ho compiuto in solitudine, e, in parte, anche in una solitudine urbana.
Dopo la fase attiva, le performance vivono e si perpetuano attraverso le foto e i video. Credo che questo sia uno step fondamentale, la naturale evoluzione di questo tipo di opere apparentemente effimere, che sia importante proprio per dare compimento al ruolo stesso di questo tipo di interventi: ossia comunicare e dialogare il più possibile. Per me l'arte è comunicazione, come affermo spesso. Quindi, performance e video sono due facce della stessa medaglia, fin dall'inizio della mia carriera. All'inizio dichiaravo "Sono un video artista!", ma non è solo questo, la mia è una pratica multistrato, il viaggio stesso fa parte del progetto, e anche la documentazione online.

EC: Secondo un libro chiave di Goldberg, la performance art copre una vasta gamma di sensibilità ed espressioni, ma tutte

kilometres far away. Like "Bird Flu Vogelgrippe," my first nomadic project that spread birds songs to the people on the street: pandemic was already part of the news, in 2006, and the final destination was the Berlin Biennale opening. The dissemination of the message was crucial, not if the passers-by realised it was an artwork, and I was the author. On the other side there are performances like "Evoke Provoke" I did alone in a desolate Arctic landscape, or the last performances, part of "The Time of the Flood," I also did in an urban solitude.

After the active phase, the actions live everlasting and perpetuate in the pictures and the video. I believe this is a fundamental step, the natural evolution of this type of – apparently – ephemeral works, which is important precisely to fulfil the very role of these kind of interventions: to communicate and dialogue as much as possible. For me, art is communication, as I often repeat. So performance and video have been two faces of the same coin, since the beginning of my career. At the beginning I used to say "I'm a video artist!" but it is not just this, mine is a multilayered practice – even the trip itself is part of the project and the online documentation.

EC: *According to Goldberg's keystone book, performance art covers a wide range of sensibilities and expressions, but all develop in three main directions: actions (happenings, Fluxus), tasks (anti-spectacular bodily routines), or rituals (Viennese Actionism, Joseph Beuys). In all these approaches, the body becomes "conductor of energy and experience" (quoting Dennis Oppenheim).*

Pagina seguente. *Next page*: "The Time of the Flood", 2020, veduta della mostra. *Exhibition view.* (Istituto Italiano di Cultura, Vienna, 16-25.09.2020)

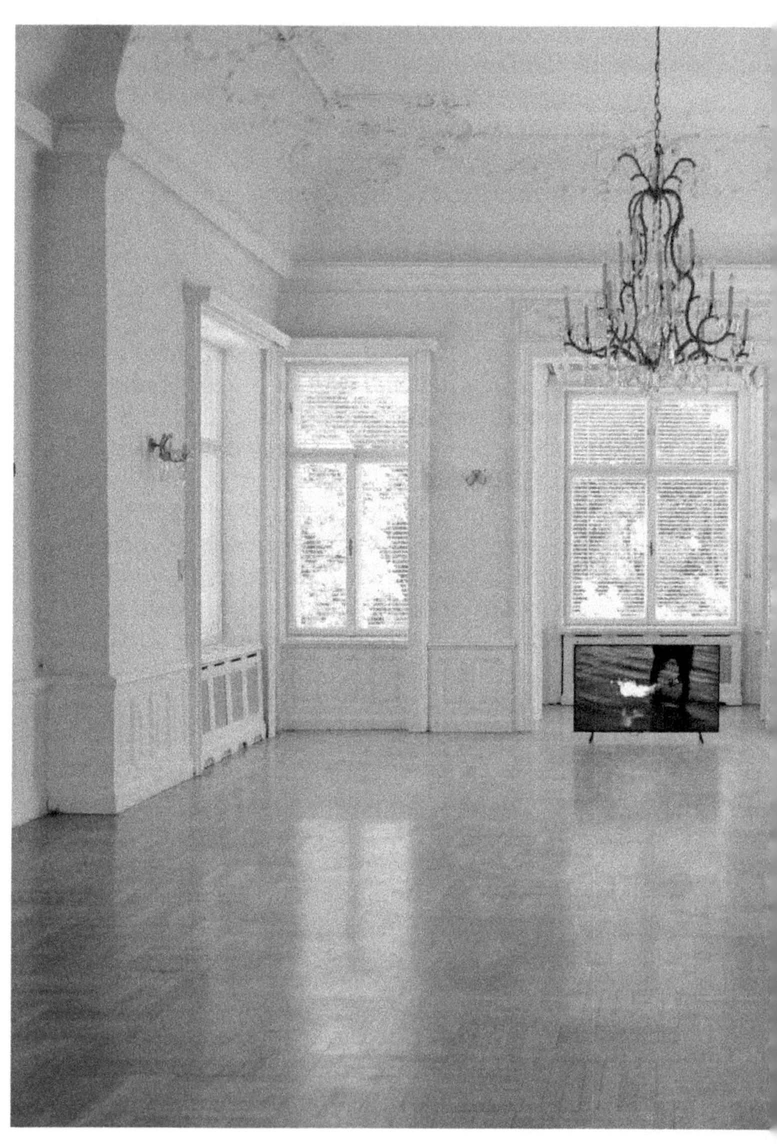

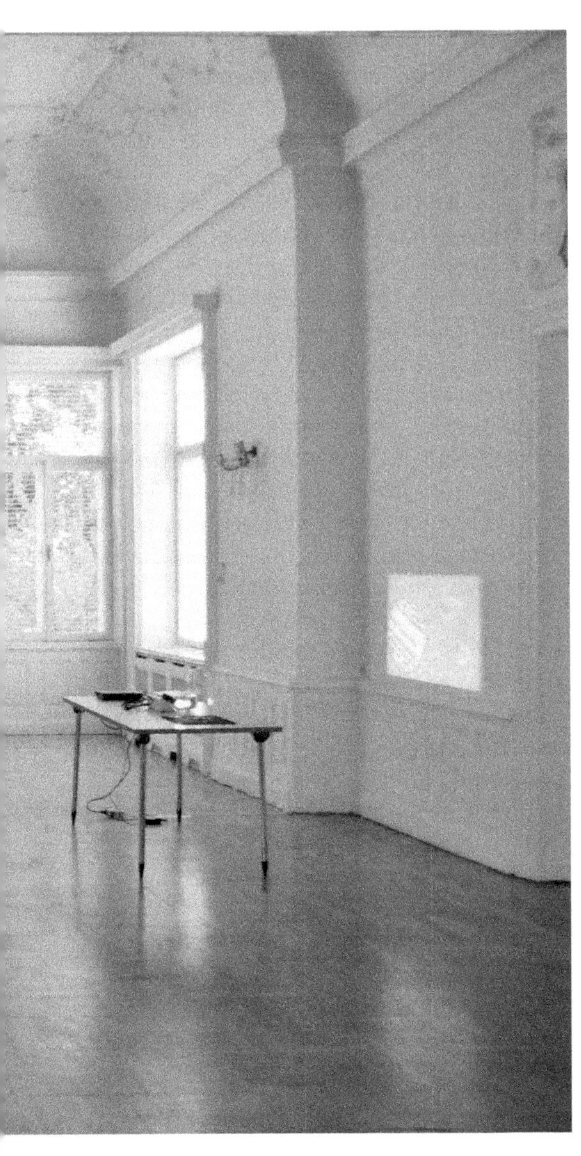

si sviluppano in tre direzioni principali: azioni (happening, Fluxus), sfide (routine corporali anti-spettacolari), o rituali (Azionismo Viennese, Joseph Beuys). In tutti questi approcci, il corpo diventa "conduttore di energia e di esperienza" (citando Dennis Oppenheim).
Nel suo caso, direi che c'è una sorta di ritualismo e sciamanesimo nel modo in cui si confronta con la performance, così pure con la pratica nomade, che comporta uno studio diretto sul posto delle diverse città e comunità: entrambi gli elementi la rendono in qualche modo vicina ai maestri dell'arte performativa/sociale come Joseph Beuys. Dall'altro lato, c'è anche qualcosa di pericoloso e rischioso nel modo in cui si avvicina e sfida gli elementi naturali e il paesaggio, confrontandosi con una sorta di autodistruzione e annientamento: in questo senso alcune sue azioni sono più vicine ai primi lavori masochistici di Marina Abramovic, che testano la resistenza e i limiti del nostro corpo. Quale di questi tre approcci si applica meglio alla sua pratica, e quali sono le sue principali fonti di ispirazione?

SC: Permettetemi di dire che è una somma di tutte e tre le direzioni. Credo che un artista sia il risultato delle esperienze precedenti.
Sicuramente sento un legame con Beuys. Sono molto orgoglioso perché, quando ho fatto un'azione partecipativa sull'energia con una telecamera a infrarossi al Museo Folkwang, il direttore Tobia Bezzola ha descritto il mio lavoro come "termopoetico" e ricordato che Beuys era solito definire l'arte come uno scambio di calore ed energia. Ora lei riporta Oppenheim sull'energia... ebbene, il titolo di quel progetto era "The Body of Energy (of the mind)" [Il Corpo dell'Energia, della mente].
Riconosce giustamente il masochismo. La performance "Signal to the Future", che ho realizzato a Bressanone

In your case, I would say that there is a sort of ritualism and shamanism in the way you approach performance, as well as the nomadic practice which involves a direct on-site study in different cities and communities – both elements make you somehow close to masters of performative/social art like Joseph Beuys. On the other side, there is also something dangerous and risky in the way you approach and challenge natural elements and your presence in the landscape, addressing a sort of self-destruction and annihilation in it – in this sense, some actions make you closer to Abramovic's masochistic early works testing the resistance and the limits of our body. What of these three approaches would you say that best apply to your practice, and what are your main sources of inspiration?

SC: *Let me say, it is a sum of all three directions. I guess we are the result of our previous experiences.*
For sure, I feel a link with Beuys. I am very proud because, when I did a participatory action about energy with an infrared camera at Museum Folkwang, the director Tobia Bezzola wrote about my work as "thermopoetic" and recalled that Beuys used to say art is an exchange of energy and warmth. You quote Oppenheim about energy ... and the title of the project was "The Body of Energy (of the mind)."
You rightly recognize masochism: the performance "Signal to the Future" I did in Bressanone during the pandemic lockdown which was broadcast by the world TVs, including ZDF, CNBC, Euronews, Reuters, China Xinhua News (the documented estimates calculate the hyperbolic number of 450 million viewers), and some journalists depicted me as a brave because I hung the inflamed flare in my hands. My

Pagina seguente. *Next page*: "The End of Border (of the mind)", 2013, travelling project, furgone, adesivi, raggio luminoso, generatore. *Travelling project, van, labels, beacon, power generator.* Photo. (Barents Art Triennale, Kirkenes)

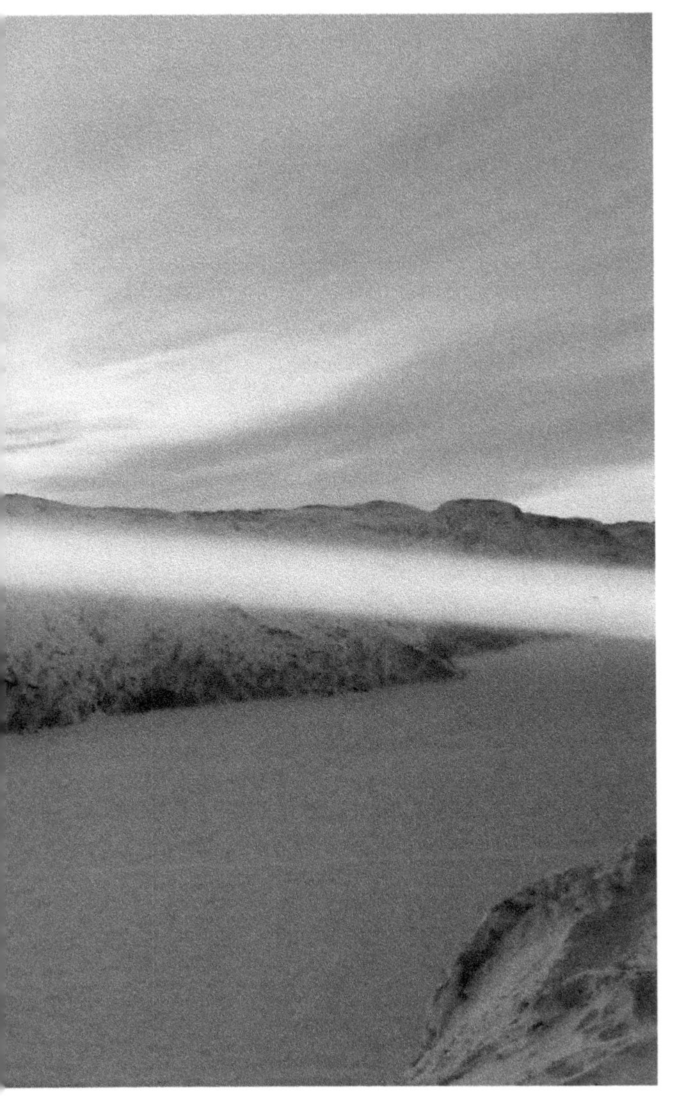

durante l'isolamento della pandemia, è stata trasmessa dalle TV mondiali, tra cui ZDF, CNBC, Euronews, Reuters, China Xinhua News (le stime documentate calcolano l'iperbolica cifra di 450 milioni di spettatori), e alcuni giornalisti mi hanno ritratto come un impavido coraggioso perché tenevo tra le mani la torcia infiammata.
Estrema è stata anche una mia spedizione nell'Artico, dove ho realizzato un video a 30 gradi sotto zero, da solo davanti al cavalletto, incamminandomi verso lande remote, distanti dalle aree civilizzate, senza svelare a nessuno la mia meta. Bisogna essere un po' sciamani, un po' coraggiosi, un po' incoscienti per guardare il reale e il futuro.

EC: Spesso nelle sue opere affronta il rapporto delle persone con il pericolo, e la percezione di esso. Lo sperimentiamo costantemente con il cambiamento climatico (ed è avvenuto anche con la pandemia): i ghiacciai che si fondono sono così lontani dai nostri occhi, che pensiamo questa minaccia sia ancora lontana da noi. Finché non si avvicina, e abbiamo inondazioni o incendi che distruggono intere regioni.
Portare il pericolo vicino agli occhi della gente era quello che ha cercato di fare con "The Ice Monolith" alla 55ª Biennale di Venezia nel maggio 2013 – ben prima che Olafur Eliasson facesse qualcosa di simile con il suo "Ice Watch" a Copenaghen nell'ottobre 2014, che poi ha riproposto a Londra nel 2018. Può dirci di più su questo suo lavoro?

SC: Invitato a partecipare al Padiglione Nazionale delle Maldive ho deciso di parlare dell'innalzamento del livello del mare, un pericolo concreto e imminente prima di tutto per una delle aree più sensibili e più basse del pianeta qual è questo arcipelago tropicale, ma anche per una città come Venezia e per tutti noi. Per farlo, ho usato un simbolo di

expedition in the Arctic was also extreme, alone in front of the tripod, minus 30 degrees Celsius, walking to a land far away from the civilised areas, telling nobody my destination. You have to be a bit of a shaman, a bit brave, a bit reckless to look at reality and the future.

EC: *In your works, you are often challenging people's relationship with danger, and the perception of it. This is something we are constantly experiencing with the threat of climate change (as even with the pandemic): melting glaciers are so remote from our eyes, that we can somehow think this threat is still far from us. Until this gets closer, and we have floods or fires destroying entire regions.*
Bringing the danger close to people's eyes was what you tried to do with "The Ice Monolith" at the 55th Venice Biennale in May 2013 – well before Olafur Eliasson did something similar with his "Ice Watch" in Copenhagen in October 2014, and then in London in 2018. Could you tell us more about this work of yours?

SC: *Invited to take part in the National Pavilion of the Maldives, I decided to talk about the rising sea levels, a concrete and imminent danger first of all for this tropical archipelago, that is one of the most fragile and lowest areas in the world, but also for Venice itself and all of us. To do this, I used a symbol for this phenomenon that is opposite – both geographically and essentially – to the Maldives but underlines how our fate is shared. It is a symbol of the climate crisis that is highly close to me: the disappearance of the glaciers of the Alps. So I put on the street in Venice in Riva Ca' di Dio a 1400 kilograms block of ice and let it melt under the sun in the middle of the passers-by. I called it a "Kubrickian metaphor" because this monolith questions*

questo fenomeno che è agli antipodi – geograficamente e per identità – rispetto alle Maldive, ma rende conto di come il nostro destino sia comune. E' un simbolo della crisi climatica che mi è molto vicino: la scomparsa dei ghiacciai delle Alpi. Così ho messo in strada a Venezia in Riva Ca' di Dio un blocco di ghiaccio di 1400 kilogrammi e l'ho lasciato fondere sotto il sole in mezzo ai passanti. L'ho definita una "metafora kubrickiana", perché questo monolite ci interroga sul nostro futuro. E allo stesso tempo, può darci delle risposte. Se siamo capaci di prenderne coscienza.

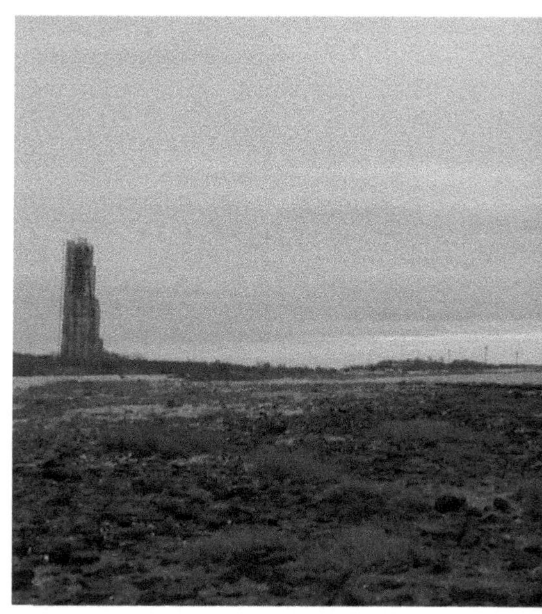

us about our future. And at the same time, it can give us answers. If we increase awareness.

• Testo tratto da un'intervista in diretta Instagram organizzata da Fondazione Imago Mundi *(14.01.2021). Text based on a live interview on Instagram organised by Imago Mundi Foundation (14.01.2021).*

"Gezeitenkraft", 2020, photo. (Wattenmeer, 03.11.2020)

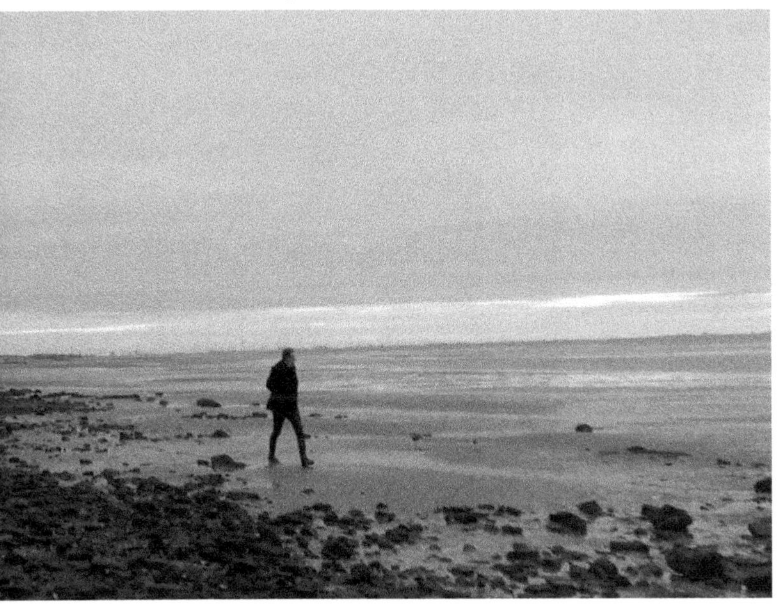

Per quelli che vogliono credere

For those who want to believe

Nicola Trezzi

Per quelli che vogliono credere

For those who want to believe

Nicola Trezzi

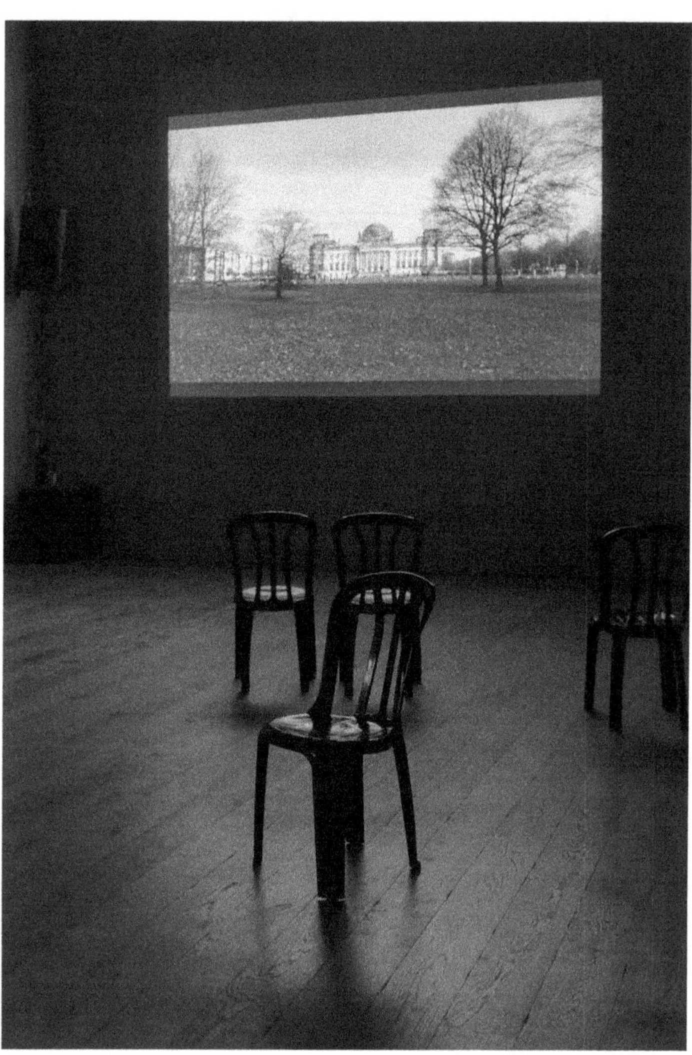

Per quelli che vogliono credere

Nicola Trezzi

Introduzione

Sono stato invitato dall'artista a scrivere su una serie di sei azioni documentate e presentate come episodi video sotto il titolo "The Time of the Flood", che ho ospitato, sotto la curatela di Giorgia Calò, al CCA – Center for Contemporary Art Tel Aviv, di cui attualmente sono Direttore e Curatore. Lungi dall'essere un classico saggio che si propone di interpretare l'opera di Stefano Cagol, questo testo, diviso in tre capitoli, preceduto da questa introduzione e seguito da una conclusione, va considerato come una raccolta di appunti emersi in seguito a questo invito. Inserito all'interno di una pubblicazione con interventi eruditi e ricerche

For those who want to believe

Nicola Trezzi

Introduction

I have been invited by the artist to write about a series of six actions video-documented and presented as video episodes under the title "The Time of the Flood," that I hosted, under the curatorship of Giorgia Calò, at CCA – Center for Contemporary Art Tel Aviv, of which I am currently Director and Curator. Far from being a classical essay that aims at interpreting the work of Stefano Cagol, this text, divided into three chapters, preceded by this intro and followed by a conclusion, should be considered as notes that emerged following this invitation. Inserted within a publication featuring scholarly interventions and

"The Time of the Flood", 2020, veduta della mostra. *Exhibition view.* (CCA – Center for Contemporary Art Tel Aviv, 12.12.2020-03.04.2021)

approfondite sullo specifico progetto di Cagol, questo testo si pone come un flusso di pensieri, liberamente associati e, spesso, presentati nel modo più semplice e immediato possibile.

in-depth research on Cagol's specific project, this text serves as a flow of thoughts, freely associated and often presented in the simplest and most immediate possible way.

1.
Dal sublime al sommesso

Per chi ha studiato la storia dell'arte è impossibile dimenticare la perfetta associazione tra "Der Wanderer über dem Nebelmeer" [Il viandante sul mare di nebbia] (1818) di Caspar David Friedrich e la citazione di Immanuel Kant "Il bello è limitato, il sublime è informe e illimitato, di modo che la mente alla presenza del sublime, cercando di immaginare cose che non si possono immaginare, prova dolore per il fallimento, ma piacere nel contemplare l'immensità del tentativo", dalla sua "Kritik der reinen Vernunft" [Critica della ragion pura] (1781). Una tale relazione tra l'essere umano e la natura sembra

1.
From sublime to subdued

For those who studied art history, it is impossible to forget the perfect association between Caspar David Friedrich's "Der Wanderer über dem Nebelmeer" [Wanderer above the sea of fog] (1818) and Immanuel Kant's quote "Whereas the beautiful is limited, the sublime is limitless so that the mind in the presence of the sublime, attempting to imagine what it cannot, has pain in the failure but pleasure in contemplating the immensity of the attempt" from his "Kritik der reinen Vernunft" [Critique of Pure Reason] (1781). Such a relationship between humankind and nature seems to have dominated the mainstream cultural discourse

aver dominato il discorso culturale mainstream in generale e il contesto dell'arte visiva contemporanea per troppo tempo. In realtà, potremmo tracciare una linea che collega questa pittura, la Modernità, la Land Art (sia in Europa che negli Stati Uniti) e posizioni individuali come quelle di Matthew Barney e Mariko Mori. Tuttavia, con l'aumento della consapevolezza nei confronti delle questioni ecologiche e il desiderio di abbracciare una diversa gerarchia tra la natura e l'essere umano, questa narrazione sembra essersi evoluta in un'altra più frammentata, in cui voci diverse, a volte discordanti tra loro, generano un'affascinante cacofonia, difficile da decifrare, ma incredibilmente interessante da ascoltare. All'interno di questo caos meraviglioso, tra tante opinioni, punti di vista, situazioni diverse, possiamo individuare, possiamo finalmente "sentire" la pratica di Stefano Cagol,

at large and the context of contemporary visual art for way too long. Actually, we could draw a line that links this painting, Modernity, Land Art (both in Europe and the United States) and individual positions such as Matthew Barney and Mariko Mori. However, with the raising of awareness towards ecological issues and the desire to embrace a different hierarchy between nature and humankind, such narrative seems to have evolved into a more fragmented one, in which different voices, sometimes discordant with each other, generate a beautiful cacophony that it is hard to decipher, but incredibly interesting to hear. Within this beautiful chaos, among many different opinions, points of view, situations, we can locate, we can finally "hear" the practice of Stefano Cagol, who, for more than two decades, has been addressing the relationship between nature and humankind through

che da più di due decenni affronta il rapporto tra natura ed essere umano attraverso azioni molto semplici eppure potenti. Il tempo del sublime sembra essere passato per sempre, ed è emerso un tipo di atteggiamento che è di basso profilo e del quale Cagol è diventato un vero ambasciatore. Anche se, a prima vista, tale atteggiamento, di per sé, potrebbe essere frainteso come sommesso, dobbiamo capire che nel tempo in cui viviamo anche il sommesso può essere forte, efficace, dritto al punto. Inoltre, una volta compreso che il sublime è stato sostituito da un concetto più fluido, possiamo continuare la linea interrotta a un certo punto e collegare il vagabondo di Caspar David Friedrich con le peregrinazioni di Stefano Cagol in vari luoghi tra l'Italia, la Germania e oltre. Il desiderio di comprendere la natura, di coglierne l'essenza e di indagarne i misteri, è il medesimo. Eppure, la

very simple and yet powerful actions. The time of the sublime seems to be gone forever, and a certain kind of attitude, which is low profile and to which Cagol has become a true ambassador, has emerged. Even though at first sight such an attitude could be misunderstood as subdued, per se, we must understand that, in the time we live, even the subdued can be strong, effective, to the point. Furthermore, once we have realized that the sublime has been replaced by a more fluid notion, we can continue the line stopped at some point and connect Caspar David Friedrich's wanderer with Stefano Cagol's wanderings in various locations between Italy and Germany, and more. The desire to understand nature, to grasp its essence and to investigate its mysteries, is the same. On the other side, the position in which the investigator locates himself is radically different. In other words, the sea of fog of *Friedrich's iconic painting*

posizione in cui si trova l'investigatore è radicalmente diversa. In altre parole, il *mare di nebbia* dell'iconico quadro di Friedrich è, probabilmente, sostituito da un *mare di smog*, poiché l'inquinamento sembra essere diventato una delle piaghe potenti, dominanti e visivamente presenti del nostro tempo. L'altitudine vertiginosa evocata nel quadro è sostituita da un individuo, l'artista, che è letteralmente con i piedi per terra, ponendosi allo stesso livello del problema, essendo esso stesso il problema, se così possiamo dire. Infatti, il motto qui è "problematizzare invece che sublimare": questo è lo slittamento che l'arte di Stefano Cagol sembra portare davanti ai nostri occhi. All'interno di una visualità molto immediata su cui torneremo più avanti, l'artista ci chiede di riconsiderare le nostre posizioni, il nostro stile di vita, il nostro modus operandi. Ad ogni modo non c'è spazio per il paternalismo in queste opere, sono troppo

is replaced, perhaps, with a sea of smog, as pollution seems to have become one of the powerful, dominating and visually-present plagues of our time. The very high altitude suggested in the painting is substituted by an individual, the artist, who is, literally, with his feet on the ground, being on the same level of the problem, being the problem, if we may say. In fact, the motto here is "to problematize versus to sublimize." This is the shift the art of Stefano Cagol seems to present in front of our eyes. Within a very immediate visuality to which we will come back later, the artist is asking us to reconsider our positions, our lifestyle, our modus operandi. And yet there is no space for patronizing in these works, they are too ephemeral and anti-monumental to carry any heavy feeling. Quite the opposite, their essence is related to how nothing can create something, how pointing out can generate a question, how directing

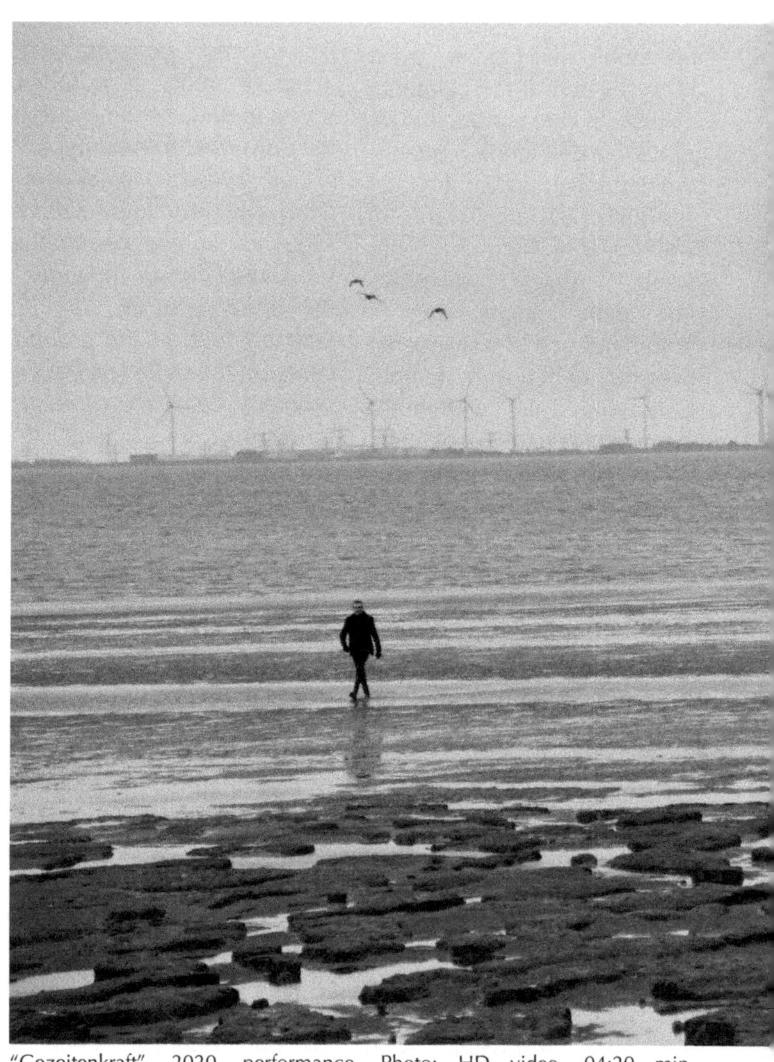

"Gezeitenkraft", 2020, performance. Photo; HD video, 04:20 min. (Wattenmeer, 03.11.2020)

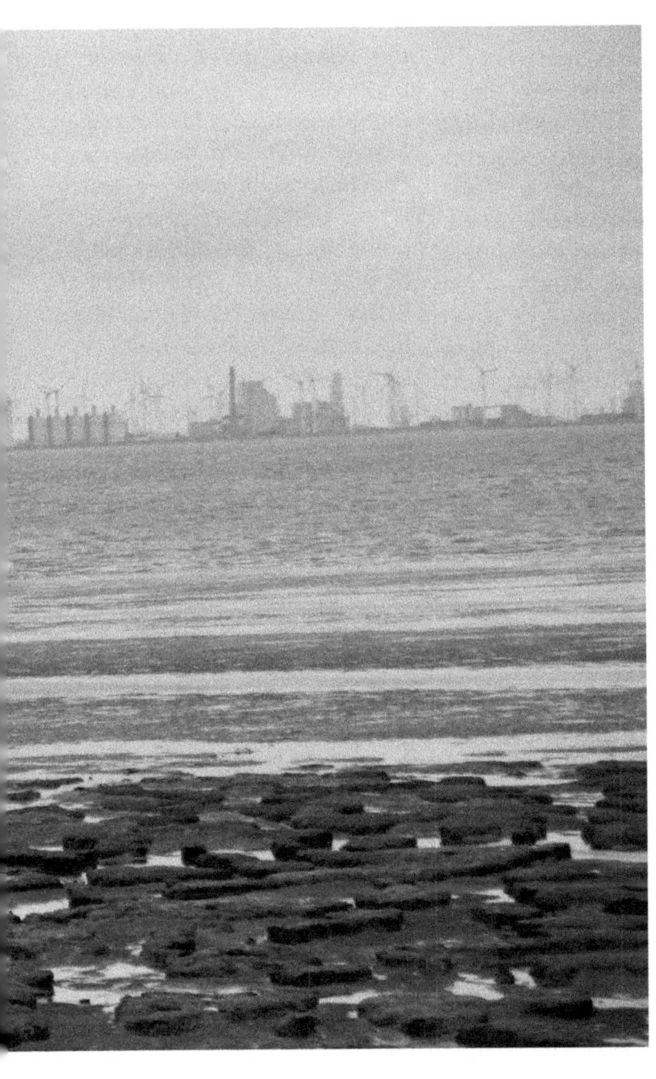

effimere e anti-monumentali per portare con sé alcun sentimento pesante. Al contrario, la loro essenza è legata a come il nulla possa creare qualcosa, come puntare l'attenzione possa generare una domanda, come indirizzare lo spettatore verso un preciso fenomeno senza cercare di farlo proprio o rivendicarlo possa innescare conclusioni profonde ed esistenziali. Chiaramente, Cagol non è del tutto ignaro o disinteressato al potere delle immagini, e alcune delle opere – come "Signal to the Future" – hanno un'iconicità piuttosto forte, e si sono persino infiltrate nei notiziari mainstream e negli organi di stampa. Ad ogni modo, questo non è l'obiettivo dei sei episodi che compongono questa serie. La loro immediatezza – una parola questa sulla quale torneremo di nuovo più avanti – viene prima di ogni altra cosa, rispecchiando il tipo di urgenza che tali azioni intendono generare.

the viewer to a specific phenomenon, without even trying to own it or claim it, can trigger deep and existential conclusions. Clearly, Cagol is not entirely unaware or uninterested in the power of images, and some of the works – such as "Signal to the Future" – have quite a strong iconicity and even infiltrated mainstream news and media outlets. Anyway, this is not the objective of the six episodes comprising this series. Their immediacy – a word to which, again, we will return to later – comes before anything else, mirroring the kind of urgency such actions mean to generate.

2.
Not Minimal, not minor, just "simply immediate" (or immediately simple)

We just went through an overview of how the work of Stefano Cagol takes the grandiosity of the established position of humankind over nature to transform it and give it a

2.
Non minimale, non minore, solo "semplicemente immediato" (o immediatamente semplice)

Abbiamo appena passato in rassegna il modo in cui il lavoro di Stefano Cagol prende la posizione consolidata di superiorità dell'uomo sulla natura e la trasformi, per darle una nuova dimensione, una dimensione che può essere fraintesa e interpretata come irrilevante, poco importante, sommessa. Eppure, è grazie a questa specifica posizione, capace di unire semplicità e immediatezza, che l'artista può individuare un nuovo livello di accessibilità e creare una critica diretta a un sistema di produzione e di consumo che sembra non trovare via d'uscita. È interessante notare che la storia dell'arte ha la tendenza a ideologizzare tutto ciò che si trova nel suo raggio d'azione, il territorio dell'arte, e fornire termini specifici per aiutare a orientarsi lungo i suoi ardui sentieri: l'arte è sempre stata

new dimension, a dimension that can be misunderstood and interpreted as irrelevant, unimportant, subdued. Yet it is thanks to this specific position, which mixes simplicity and immediacy, that the artist can read a new level of accessibility and create a direct critique to a system of production and consumption that seems to find no way out. Interestingly enough, the history of art tends to ideologize everything distributed in its field, the field of art, and provide specific terms to help navigate its difficult trails – art has always been "easy," but it has never been easy to understand. Therefore, at first sight, Cagol's actions can be labelled as Minimal and, if not, they can be misjudged as "minor," with a bad connotation. The argument is that they are neither Minimal nor "minor" – they are simple and immediate. While there is a long process in finding the site of such actions – a topic to be investigated later

"facile", tuttavia non è mai stata facile da comprendere. Quindi a prima vista, le azioni di Cagol possono essere etichettate come Minimali e, se non lo sono, possono essere giudicate erroneamente come "minori", con una cattiva connotazione. La questione è che non sono né Minimali né "minori": sono semplici e immediate. Mentre lungo è il processo per trovare il luogo giusto per tali azioni (questo è un argomento che verrà affrontato in seguito), le azioni in sé sono cariche di un unico livello di immediatezza, che ricorda certe opere dell'artista ceco Jiri Kovanda. Oltre a questo rimando storico-artistico, il riferimento migliore va a San Francesco, le cui semplici azioni, considerate inutili e denigrate, sono tutt'ora uno dei più potenti esempi di resistenza allo status quo. Se abbiamo abbastanza immaginazione, possiamo vedere chiaramente

– the actions themselves are charged by a unique level of immediacy, which reminds us of some works by the Czech artist Jiri Kovanda. Beside such art historical reference, the best reference goes to Saint Francis, whose simple actions, considered impotent and a source of denigration, have in the long term stayed as one of the most powerful examples of resistance to the status quo. If we have enough imagination, we can see a path between Saint Francis talking to the birds and the wolf and Stefano Cagol approaching polluted waters, a deserted urban landscape, a volcanic site, and so on. Following the comparison with Saint Francis, it is easy to arrive at the most obvious reference of this project, which is the biblical episode of the great flood. The most interesting side of this link is that Noah himself was looked after as a loser, someone

"The Time of the Flood", 2020, veduta della mostra. *Exhibition view.* (CCA – Center for Contemporary Art Tel Aviv, 12.12.2020-03.04.2021)

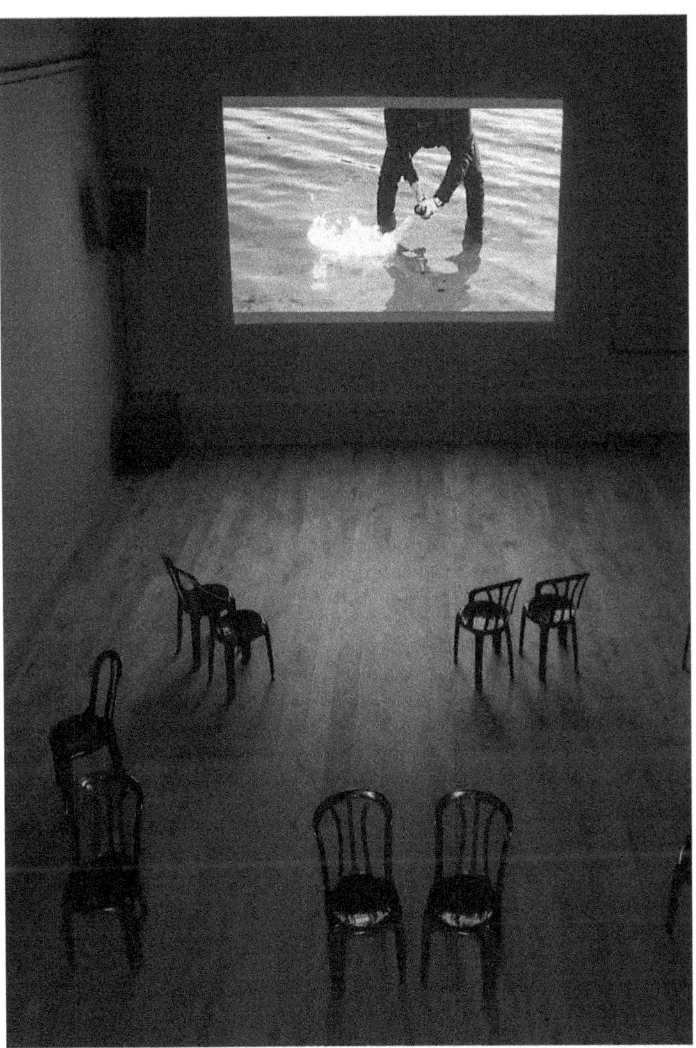

un percorso tra San Francesco che parla agli uccelli e al lupo e Stefano Cagol che si avvicina alle acque inquinate, un paesaggio urbano deserto, un sito vulcanico, e così via. Proseguendo il confronto con San Francesco, è facile arrivare al riferimento più ovvio di questo progetto, che è l'episodio biblico del diluvio universale. Il lato più interessante di questo collegamento è il fatto che Noè stesso sia stato considerato un perdente, un pazzo, quando si è messo a costruire una nave in mezzo a una landa di terra. Gli anticipatori – di cambiamenti radicali nella società, di grandi inondazioni, di disastri naturali, di collassi sistemici – sono spesso fraintesi come ciarlatani, e il fatto che Stefano Cagol abbia lavorato con questi temi per molto tempo, prima che l'intero pianeta venisse paralizzato da una pandemia mondiale, non fa che confermare la tesi di cui sopra: non si tratta di essere Minimali o di seguire

who lost his mind, creating a vessel in the middle of the land. Anticipators – of radical changes in society, of great floods, of natural disasters, of systemic collapses – are often misunderstood as charlatans, and the fact that Stefano Cagol had been working with these issues for a long time before the entire planet was paralyzed by a worldwide pandemic confirms the aforementioned thesis: it is not about being Minimal or following minor positions; it is about the desire to present actions that are simple and immediate and yet capable of creating an impact in the stratified and assumed manner through which we look at ourselves in front of nature and its creatures. The artist often repeats: "We are the flood;" what does he mean by that? Perhaps another nonsense? If deeply understood, such a statement underlines the desire to avoid any separation, to blend what has always been segregated. In this scenario, in which

posizioni minori, ma della volontà di proporre azioni semplici e immediate eppure capaci di avere un impatto sul modo stratificato e dato per scontato attraverso il quale ci poniamo di fronte alla natura e alle sue creature. L'artista ripete spesso "noi siamo il diluvio": cosa intende dire con questo? Forse un altro atto insensato? Se compresa profondamente, tale affermazione sottolinea il desiderio di evitare qualsiasi separazione, di fondere ciò che è sempre stato disgiunto. In questo scenario, in cui l'umanità ha rinunciato al suo stato di sovranità sulla natura per incorporarsi alla natura, non c'è tempo per nessun livello di mediazione. Bisogna agire in fretta, bisogna agire adesso, non c'è tempo per pensare, bisogna fare presto, per quanto semplice possa essere. Seguendo questo percorso, torniamo a Noè, che non si è mai fermato un secondo a mettere in discussione la sua missione. Doveva fare ciò che

humankind renounced its state of sovereignty over nature to incorporate itself into *nature, there is no time for any level of mediation. We must act fast, we must act now, there is no time for thinking, it has to be done immediately, as simple as it may be. Following this path, we go back to Noah, who never stopped for a second to question his mission. He had to do what was needed in the most simple and doable way. We then think about Saint Francis once again: there was no time to build a new congregation (that eventually happened, but this is another story), his action had to be done in real time, outside the system, sometimes even against the system (the church). Again, if in the first chapter we draw a line that starts with Caspar David Friedrich's wanderer and Immanuel Kant's sublime to arrive at Stefano Cagol's "subdued sea of smog," here we take Noah's immediate and yet powerful devotion to a mission (to build the ark), we*

era necessario, nel modo più semplice ed efficace possibile. Pensiamo poi ancora una volta a San Francesco: non c'era tempo per costruire una nuova congregazione (che poi è stata fatta, ma questa è un'altra storia), la sua azione doveva essere compiuta in tempo reale, fuori dal sistema, a volte anche contro il sistema (la chiesa). Ancora, se nel primo capitolo tracciamo una linea che parte dal girovago di Caspar David Friedrich e dal sublime di Immanuel Kant per arrivare al "sommesso mare di smog" di Stefano Cagol, qui prendiamo la devozione immediata eppure potente di Noè per una missione (costruire l'arca), continuiamo con le decisioni semplici, politicamente forti di San Francesco, e arriviamo alle azioni di Cagol. Come per Noè e Francesco, anche qui il luogo di tali azioni sembra essere una questione cruciale, una questione che sarà presentata nel prossimo capitolo.

continue with Saint Francis' simple and yet politically charged decisions, and we arrive at Cagol's actions. As it was with Noah and Francis, the location of such actions seems to be a pivotal issue here, too, an issue presented in the next chapter.

3.
Where and why

In chapter 1, we touched briefly upon the connection between the work of Stefano Cagol and Land Art. At first sight, we may see logical connections because nature seems to play a major presence in his work. However, at a closer and deeper look, it clearly appears that Cagol's investigation takes the Land Art basic equation "artist plus landscape" to bring other issues mirroring the kind of complexity in which we live. Furthermore, although some European Land Artists like Richard Long and Hamish Fulton included performative elements in their work, more classical Land Art, from the

3.
Dove e perché

Nel capitolo 1, abbiamo accennato brevemente alla connessione tra il lavoro di Stefano Cagol e la Land Art. A prima vista, potremmo vedere connessioni logiche perché la natura sembra giocare una presenza importante nel suo lavoro. Tuttavia, a uno sguardo più attento e profondo, appare chiaramente che l'indagine di Cagol prende l'equazione di base della Land Art "artista + paesaggio" per porre altre questioni che rispecchiano il grado di complessità in cui viviamo. Inoltre, sebbene alcuni Land Artist europei come Richard Long e Hamish Fulton abbiano incluso elementi performativi nel loro lavoro, la Land Art più classica, quella americana, tende a evitare tale posizione, mentre nel lavoro di Cagol gioca un ruolo centrale l'azione realizzata dall'artista – per usare un termine che ha

United States, tends to avoid such a position, whereas in Cagol's work, the action – a term more suitable than "performance" – carried by the artist plays a pivotal role. Following these premises, this last chapter aims at shedding light on the sites of Cagol's actions, the meaning they carry on, and the reasons that lead to them. Going back again to Land Art, we could understand the groundbreaking spirit of these works since, for the first time, art was created in *nature and not based* on *nature. Although such a transition carried a deep symbolic meaning, today we experience a reality where even the notion of inside versus outside, "in" versus "on" has become more complex and difficult to grasp. It is the reason why several of the sites selected by Cagol for his actions are gray zones, which could be defined as "urban landscapes," a term*

Pagina seguente. *Next page*: "Signal to the Future", 2020, performance, segnale di soccorso. *Performance, flare.* Video still; HD video, 03:00 min. (Brixen, 16.05.2020)

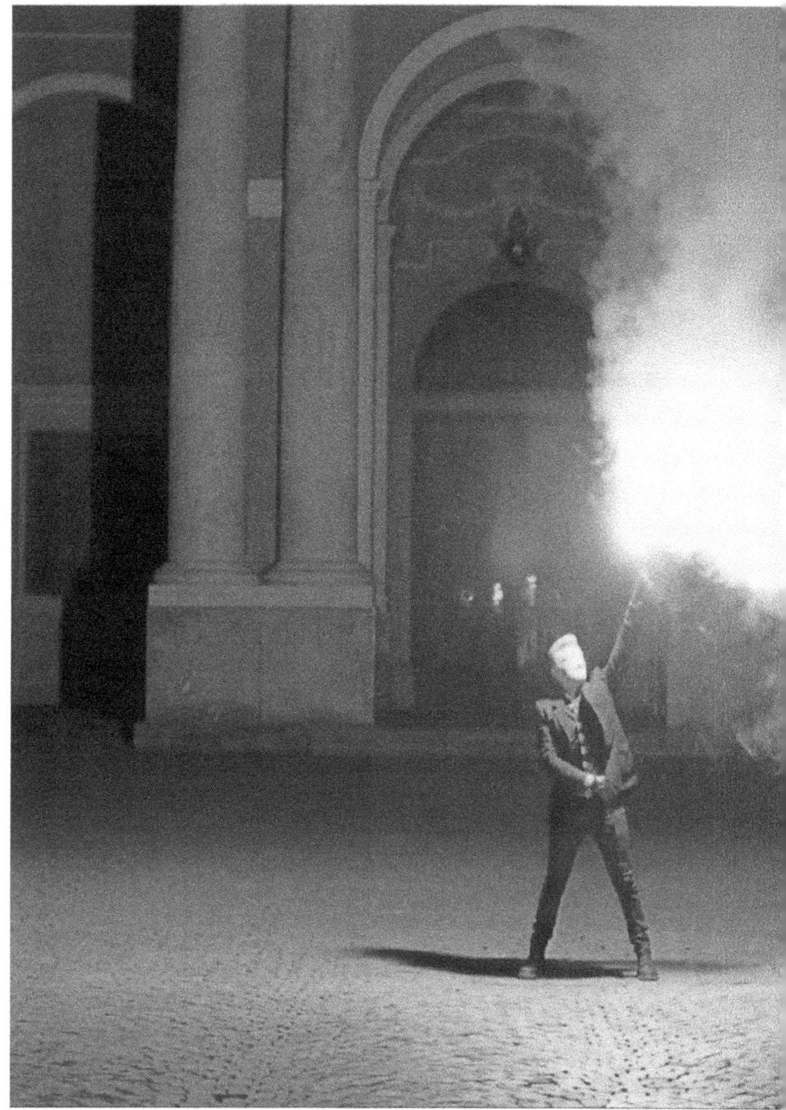

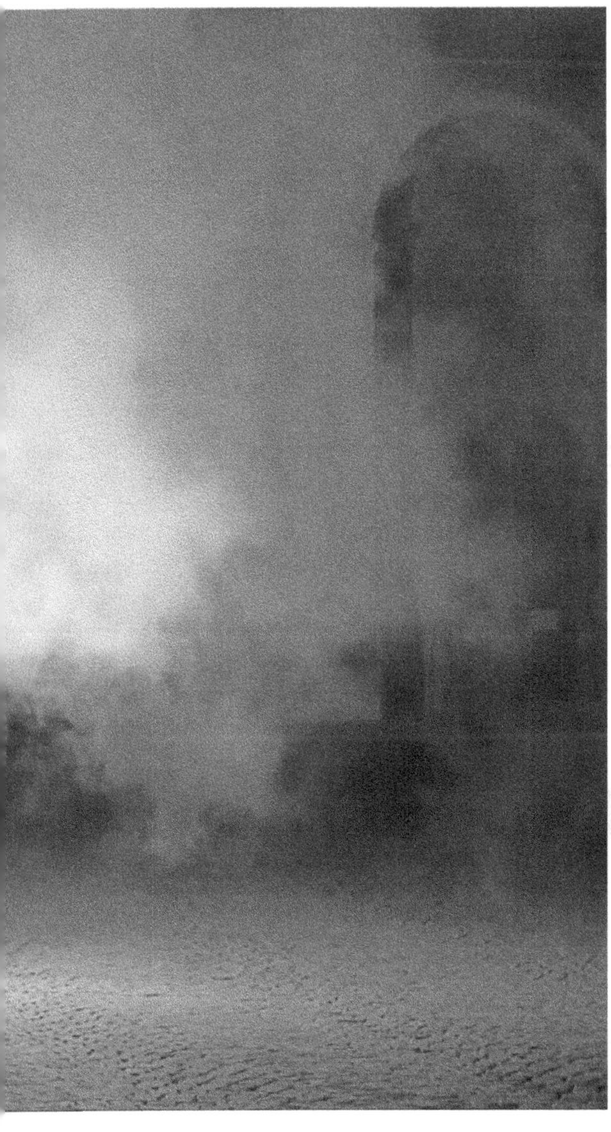

più senso di "performance". Seguendo queste premesse, quest'ultimo capitolo mira a far luce sui luoghi delle azioni di Cagol, sul significato che portano con loro e sulle ragioni che conducono a loro. Tornando alla Land Art, si può individuare lo spirito innovativo di queste opere nel fatto che, per la prima volta, l'arte è stata creata *nella* natura e non *sulla* natura. Sebbene tale transizione avesse un profondo significato simbolico, oggi viviamo in una realtà in cui anche la nozione di dentro e fuori, "dentro" contro "sopra" è diventata più complessa e difficile da afferrare. È la ragione per cui molti dei luoghi scelti da Cagol per le sue azioni sono zone grigie, che potrebbero essere definite "paesaggi urbani", un termine che – come altri neologismi degli ultimi decenni, quali "prosumer" o "experience economy" – sembra essere un'innegabile contraddizione di termini, un paradosso che rispecchia lo stato attuale

which – like other neologisms of the recent decades, like "prosumer" or "experience economy" – seem to be an undeniable contradiction of terms, paradoxes mirroring the current state of reality. From the Wadden Sea to the Flughafensee, the sites of Cagol's actions are outlining the presence of spaces in which the old dichotomy "nature versus humankind" or "nature versus culture" appears to have become obsolete. If the "where" of Cagol's work brings the kind of complexity that characterizes our time – although the artist is opting for very simple and immediate actions to do so – the "why" reveals an attitude that brings additional reflections. In chapter 2, we compared the work of Cagol to Kovanda and Francis due to the way in which he works in comparison to these figures. Following these premises, and aware of what has been presented so far, the most important aspect of Cagol's practice is revealed, which is

delle cose. Dal Mare dei Wadden al Flughafensee, i luoghi dell'azione di Cagol delineano la presenza di spazi in cui la vecchia dicotomia "natura contro umanità" o "natura contro cultura" sembra essere diventata obsoleta. Se il "dove" del lavoro di Cagol porta con sé la complessità che caratterizza il nostro tempo, anche se l'artista opta per azioni molto semplici e immediate, il "perché" rivela un atteggiamento che spinge a ulteriori riflessioni. Nel capitolo 2, abbiamo paragonato l'opera di Cagol a Kovanda e Francesco per il modo in cui lavora a confronto con queste figure. Alla luce di tali premesse e di quanto è stato detto finora, si disvela l'aspetto più importante della pratica di Cagol, che è un autentico e genuino atteggiamento positivo. Nonostante la pesantezza dei temi, l'inquinamento, il riscaldamento globale, l'ecologia, nonostante la facile tentazione di prendere una posizione schierata, dare

a true and genuine positive attitude. Despite the heaviness of the topics – pollution, global warming, ecology – despite the easy temptation of taking a specific position – lecturing, patronizing, accusing – Cagol's actions become a set of unpretentious, and at times playful, attempts to stir a dialogue, generate a conversation, spark a thought. They are far from bringing any system or solution, their strength is based on the same easiness through which they can be dismissed. However, for those who want to believe that there is more, for those who can go beyond their simplicity and immediacy, a world, a path is drawn. Metaphorically speaking, humankind has walked down from its ivory tower to learn about nature by playing with it, by engaging with it via simple and immediate gestures, actions leading to other actions. Will an analogue siren ("Just before") save the current state of nature? Will an SOS signal ("Signal to the

lezioni, fare la paternale, accusare, le azioni di Cagol diventano un insieme di umili tentativi, a volte faceti, di suscitare un dialogo, generare una conversazione, dar vita a un pensiero. Sono lontani dal portare qualsiasi soluzione o risposta, la loro forza si basa sulla stessa disinvoltura con cui possono essere liquidati. Tuttavia, per quelli che vogliono credere che ci sia di più, per quelli che riescono ad andare oltre la semplicità e l'immediatezza, si apre un mondo, un viaggio. Parlando metaforicamente, l'umanità è scesa dalla sua torre d'avorio per fare conoscenza con la natura, giocando con essa, avvicinandola con gesti semplici e immediati, azioni che portano ad altre azioni. Una sirena analogica ("Just before") salverà lo stato attuale della natura? Un segnale SOS ("Signal to the Future") sarà ascoltato da coloro che decidono il futuro del nostro pianeta? Anche se quelli che dovrebbero ascoltare non sentono, quelli che vogliono

Future") be heard by those who decide the future of our planet? Although those who should listen do not hear, those who want to are already at work – in their mind and through their imagination.

Conclusion

It is always challenging to attach a text to an artwork, especially when it does not aim at explaining it, contextualizing it, criticizing it or praising it. The force generating this text is rather a desire to share free thoughts that can appear while experiencing the work and vanish a few minutes after. The flow, through which they are presented, might be, at times, convoluted, things might come back again and again, contradictions might appear, and so on. However, here the wish is to provide a kind of stream, a set of reflections that every visitor should have the luxury of affording. This text is an ode to the visitor's unrecorded train of thoughts. I hope you enjoyed the ride!

sono già al lavoro. Nella loro mente e attraverso la loro immaginazione.

Conclusione

È sempre impegnativo allegare un testo a un'opera d'arte, soprattutto quando non ha lo scopo di spiegarla, contestualizzarla, criticarla o lodarla. La forza che genera questo testo è piuttosto il desiderio di condividere pensieri liberi che possono scaturire mentre si vive l'opera e svanire pochi minuti dopo. Il fluire attraverso il quale sono presentati può essere a volte contorto, le cose possono ripetersi più e più volte, possono presentarsi contraddizioni, e così via. Tuttavia, il desiderio è di fornire qui una sorta di flusso, un insieme di riflessioni a cui ogni visitatore dovrebbe avere il lusso di poter accedere. Questo testo è un'ode al treno di pensieri non registrati del visitatore. Spero che il viaggio vi sia piaciuto!

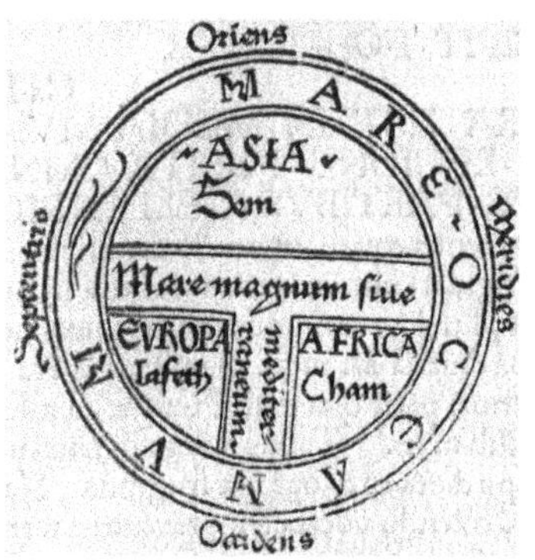

Isidorus Hispalensis, "Etymologiae", 1472, mappa orbis terrae, continenti popolati dai figli di Noè. *T–O map, continents populated by descendants of Noah.* (Sem: Asia, Cham: Africa, Japheth: Europe)

Progetto realizzato grazie al sostegno della Direzione Generale Creatività Contemporanea e Rigenerazione Urbana del Ministero per i Beni e le Attività Culturali e per il Turismo nell'ambito del programma **Italian Council** (2019).

Project supported by the Directorate General for Contemporary Creativity and Urban Regeneration by the Italian Ministry of Cultural Heritage and Activities and Tourism under the ***Italian Council*** *program (2019).*

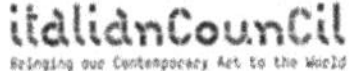

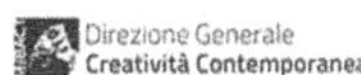

project partner

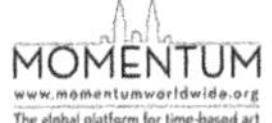

cultural partner

in collaboration with

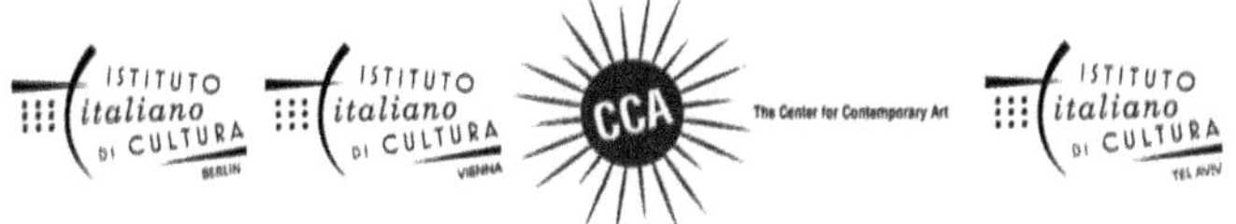

16a Giornata del Contemporaneo 2020 with IIC – istituto italiano di cultura di Tel Aviv and CCA – Center for Contemporary Art Tel Aviv

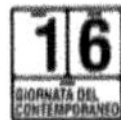

Promoted by amaci

Supported by Direzione Generale Creatività Contemporanea

In collaboration with Ministero degli Affari Esteri e della Cooperazione Internazionale

Stefano Cagol
The Time of the Flood
(Beyond the myth through climate change)
a cura di Alessandro Castiglioni

postmedia books 2021
144 pp. 38 ill.
isbn 9788874903078

Postmedia Srl
Milano
www.postmediabooks.it

www.ingramcontent.com/pod-product-compliance
Ingram Content Group UK Ltd.
Pitfield, Milton Keynes, MK11 3LW, UK
UKHW021649190726
13853UKWH00001B/146

9 788874 903078